乙瑛碑集字春聯

经典碑帖实用集字春联

罗锡清/编著

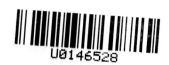

浙江人民美术出版社

前言

春节是我国农历年中第一个也是最重要的一个传统节日，王安石在《元日》一诗中描绘了宋人过春节时的情景：『爆竹声中一岁除，春风送暖入屠苏。千门万户曈曈日，总把新桃换旧符。』其中桃符就是春联最初的形态。而今，鲜艳的红纸代替了桃木板，吉祥的联语代替了神像，其寓意也由驱邪避灾转变为祈福纳祥。春联承载着人们对新的一年的期待与祝愿：生活美满、福寿安康。

春联运用汉语文字字形方正这一独一无二的特点和词组精练、结构优美、音节分明等特征，在左右对称且具有阴阳协调的艺术审美观的原则下，有着区别于其他文学种类的独特形式，比诗、词、赋更精练，更具欣赏性，这也是春联在我国历久不衰、为各个阶层的广大民众所喜爱的缘故。

21世纪的今天，我们过春节仍少不了以春联的形式表达对美好生活的祈愿。选择春联，除了考虑位置、内容、对象等因素，要想张贴的春联使人人看后都皆大欢喜或者拍手称赞，还需要做到以下几点：

春联的大小应与张贴场合相适宜。一般来说，家庭对联以选用七言联、八言联、九言联为佳，而机关、单位、学校等大门处张贴对联则宜选用十言以上二十言以下的行业专用对联。应使字的大小排列和门的大小相适宜，避免头重脚轻之感。

春联的内容应与张贴对象相适宜。春联用于人们欢庆春节，用词选句要明亮欢快，表达内容要健康向上、雅而不俗，这是最基本的。然后，于不同情景下，春联的内容要有不同的考虑，如送给年长的长辈要表达出长命百岁、福寿安康的祝愿之情；对于经商、创业的年轻人，可以表达出财源广进、人勤春好的祝愿之情；对于新婚的夫妇，用联应以祝贺新婚夫妇团结互助、携手前行为主要内容。

横批与上下联应相适宜。横批，是贴在上下联中间的上方位置的横联，一般四个字，具有总结或补充对联的作用，能使对联的意境更加深远。因此横批一定要与上下联紧密联系，浑然一体，不能随意为之。

春联的张贴方法，按照传统读法，直书是从左往右读的，所以对联的张贴可以遵照这样的基本口诀：『人朝门立，右手为上，左手为下。』即出句应贴在右手边，对句应贴在左手边。至于出句和对句的辨别，最简单的方法是记下『上仄下平』。在汉字的四种声调中，『一声』『二声』为平声，『三声』『四声』为仄声。若对联某句的末字为『三声』或『四声』，则该句为出句，另一句便是对句；若对联末字均为仄声，则要从对联的内容和语气上进行分辨。

『经典碑帖实用集字春联丛书』为书法爱好者提供了不同书体的春联范本，读者直接临摹即可张贴。还有各类文辞优美的春联文字，可供书写者创作借鉴之用。此外，本书还有以下特点：

一、内容上切时应景，且涵盖面宽，实用性强。本书收有迎新春联、生肖春联、爱国春联、文化春联、福寿春联、新婚春联、乔迁春联，充分考虑到使用者的职业、身份、年龄，使用的场合，欣赏者的兴趣和爱好等等，力求做到张贴的春联让人满意与欢喜。

二、春联中横批与上下联紧密搭配，浑然一体。如上下联是『爱国丹心昭日月，兴邦壮志起风雷』，横批则是『众志成城』；再如上下联是『家添财富人添寿，春满田园福满门』，横批则是『人寿年丰』。

三、本书在设计、编排等各方面力求典雅大方、做工严谨。书中集联用字基本出自历代书法经典名家名作，对于对联里需要而原作品中没有的字，用偏旁部首拼凑而成，力争贴近原作，因字源所限，书中尚存不足，还望读者批评指正。

希望本系列丛书能为读者朋友在迎春挥毫之际增添雅兴，同时为中国传统的春节文化添一抹浓重的『中国红』。

己亥春月　罗锡清书于杭州

目录

一、喜迎新春篇

二、生肖春联篇

三、国泰民安篇

四、恭喜发财篇

五、诗意雅趣篇

六、福寿安康篇

一、喜迎新春篇

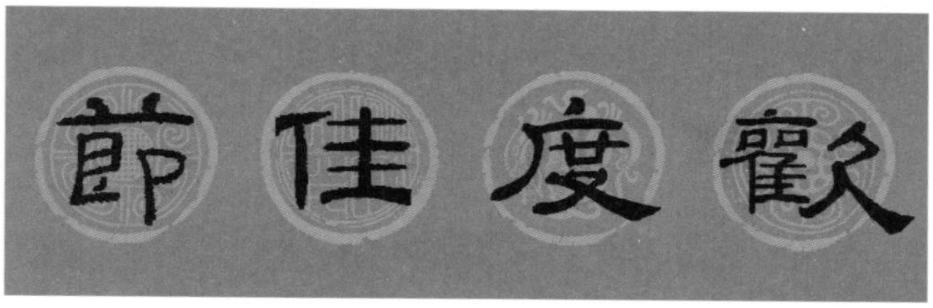

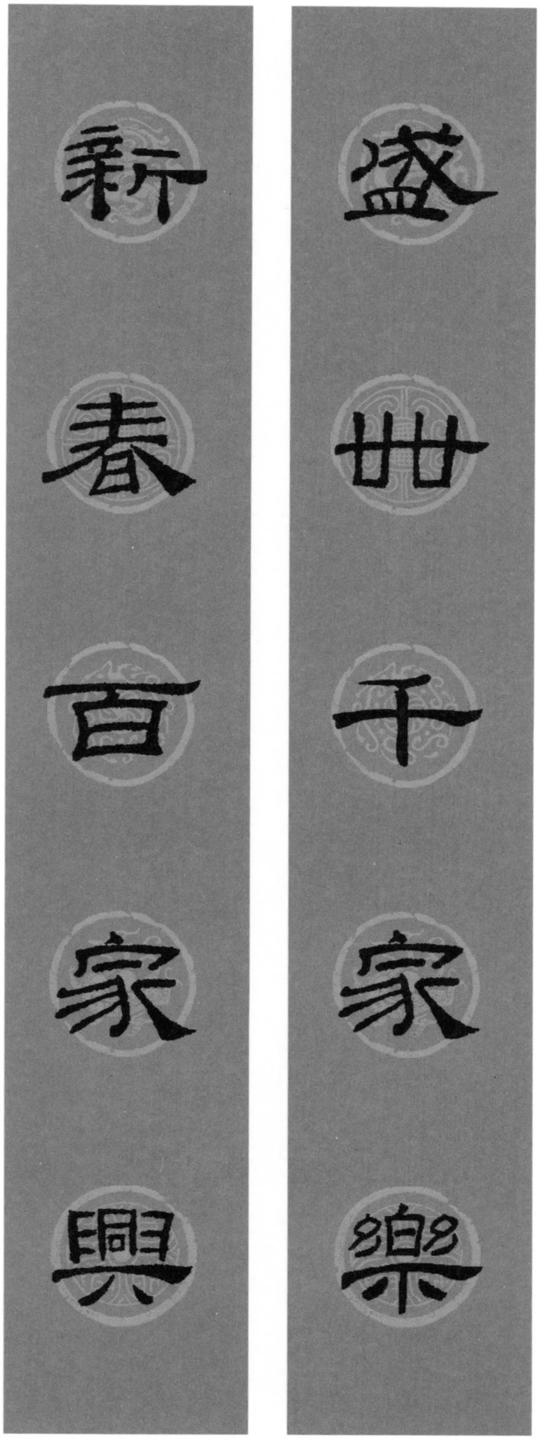

欢度佳节　盛世千家乐，新春百家兴

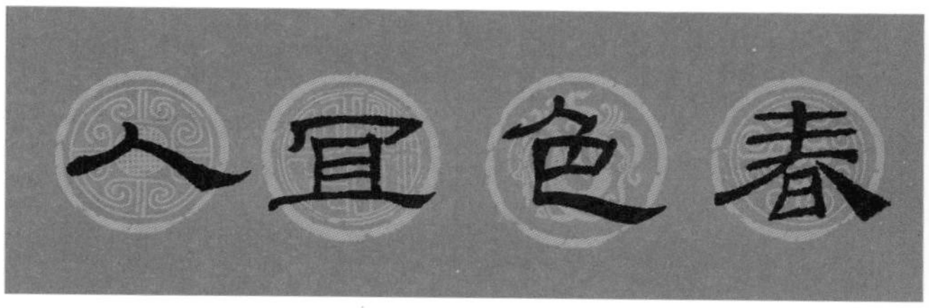

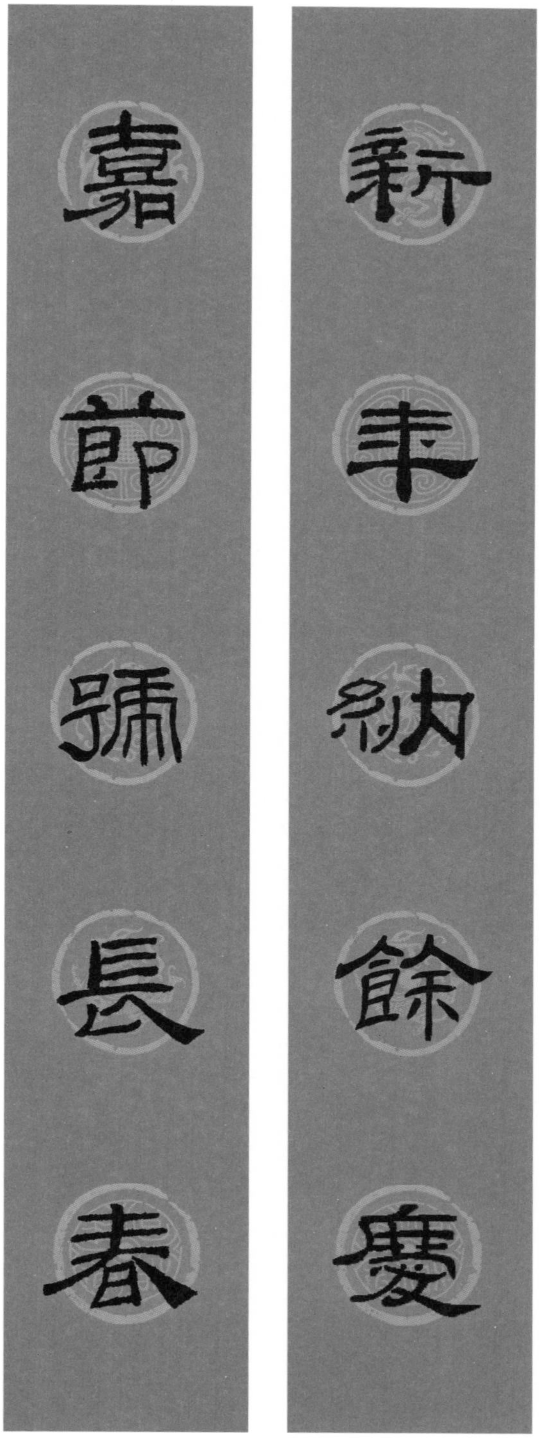

春色宜人　新年纳余庆，嘉节号长春

萬象更新

五湖四海皆春色

萬水千山盡得輝

万象更新　五湖四海皆春色，万水千山尽得辉

五福臨門

萬事如意展宏圖

心想事成興偉業

五福临门　万事如意展宏图，心想事成兴伟业

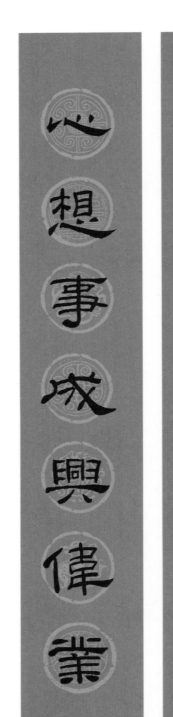

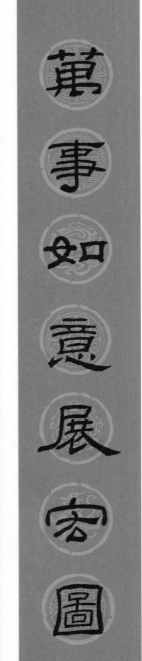

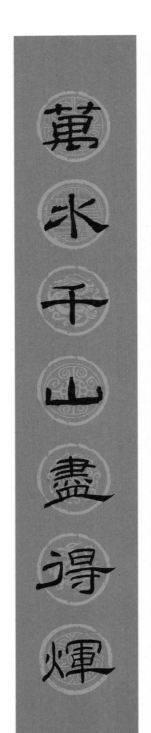

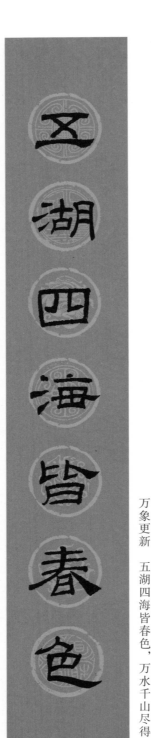

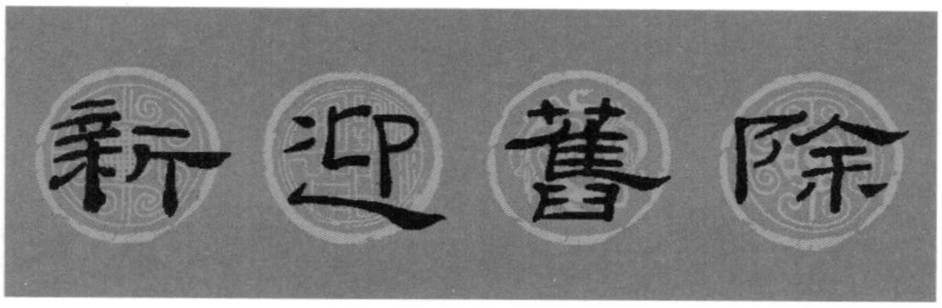

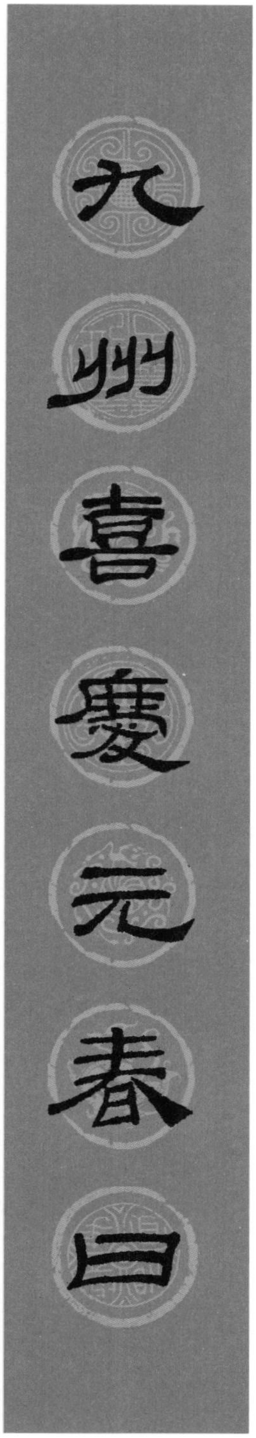

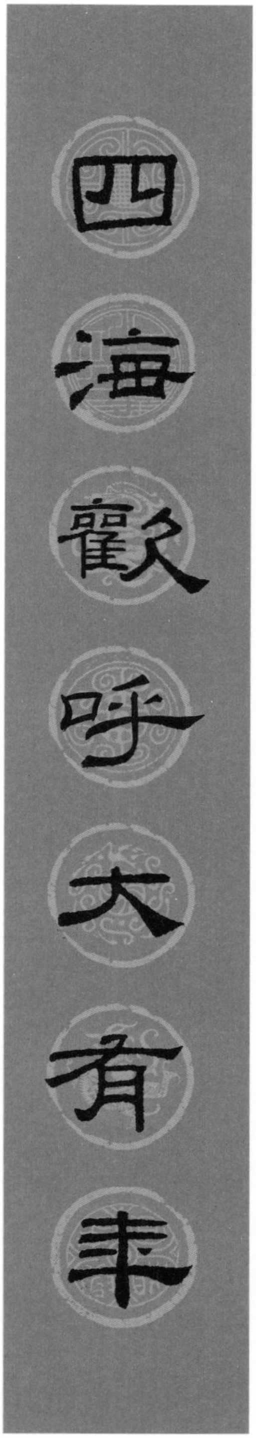

除旧迎新　九州喜庆元春日，四海欢呼大有年

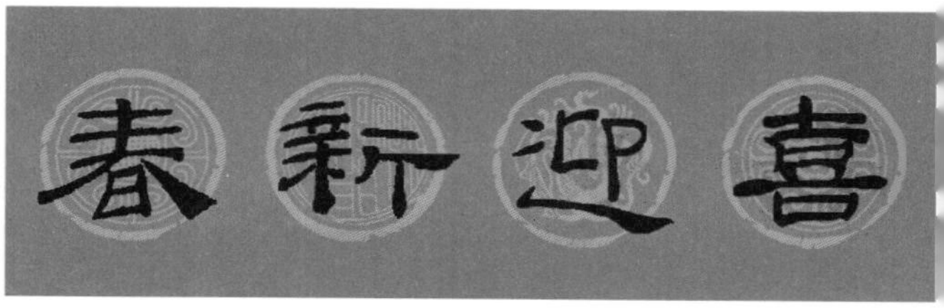

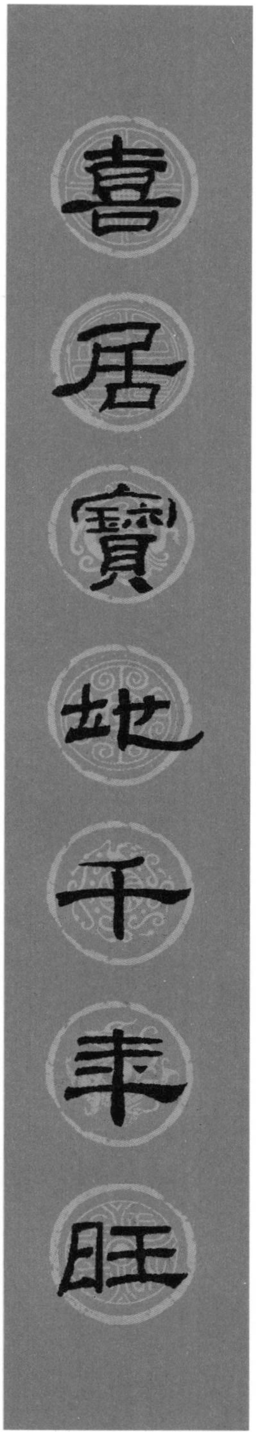

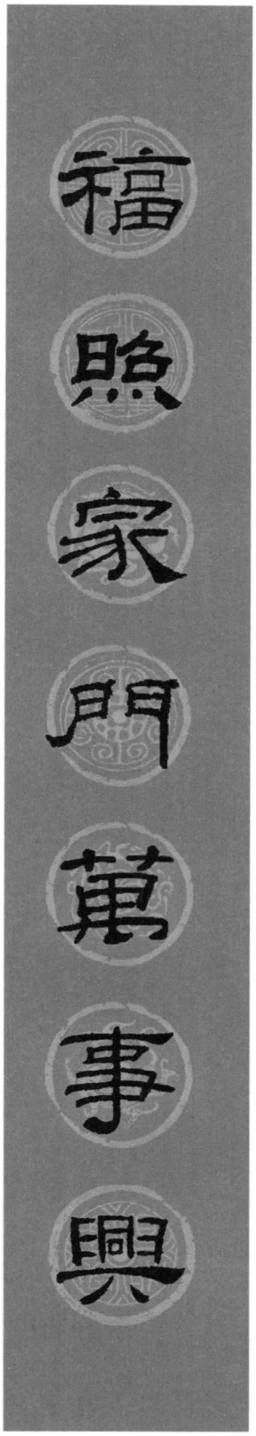

喜迎新春　喜居宝地千年旺，福照家门万事兴

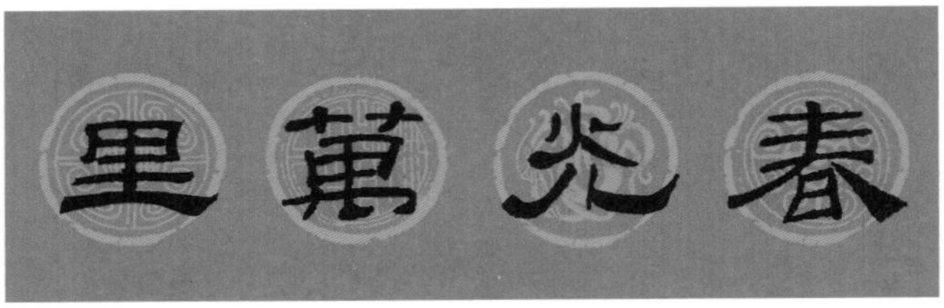

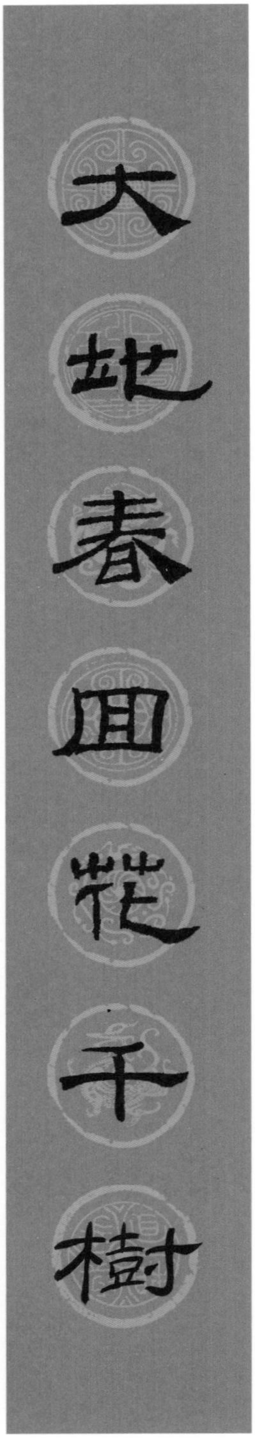

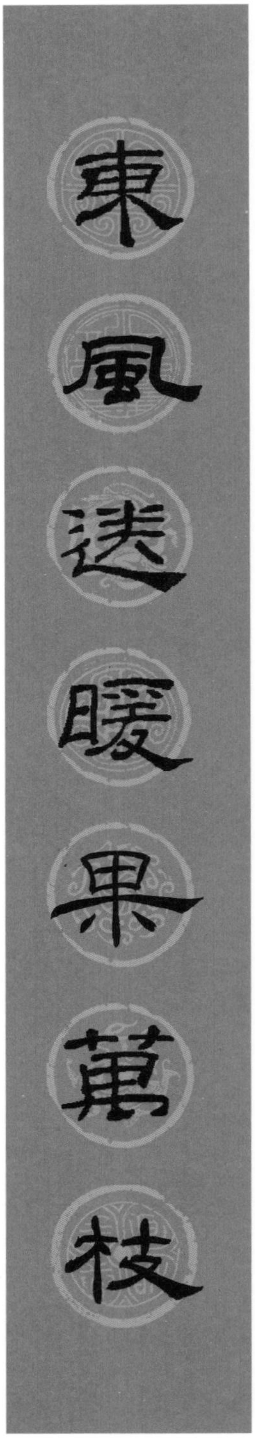

春光万里　大地春回花千树，东风送暖果万枝

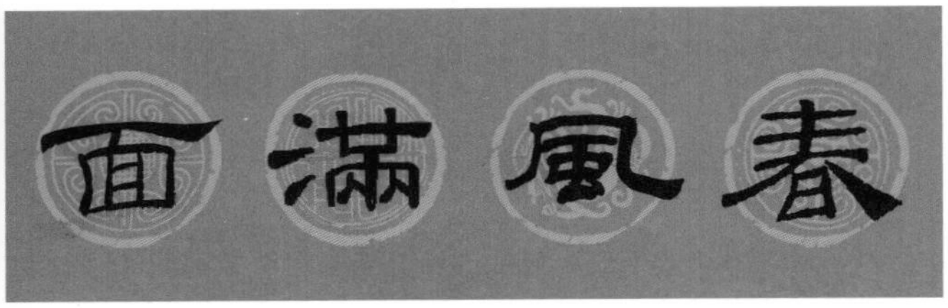

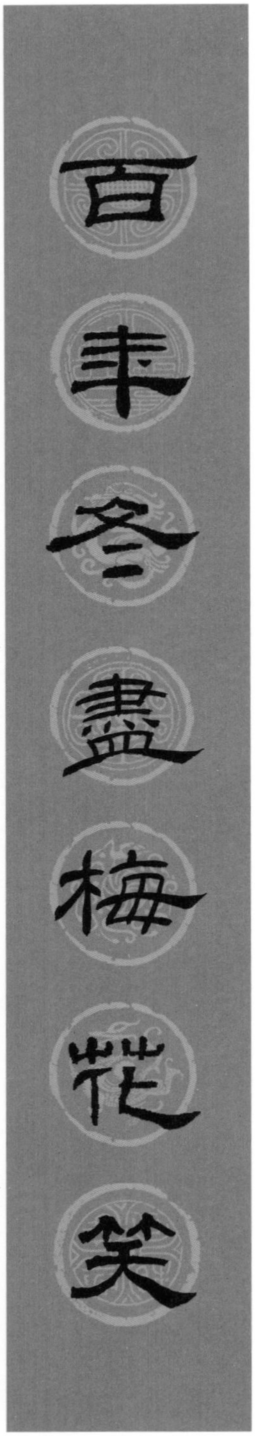

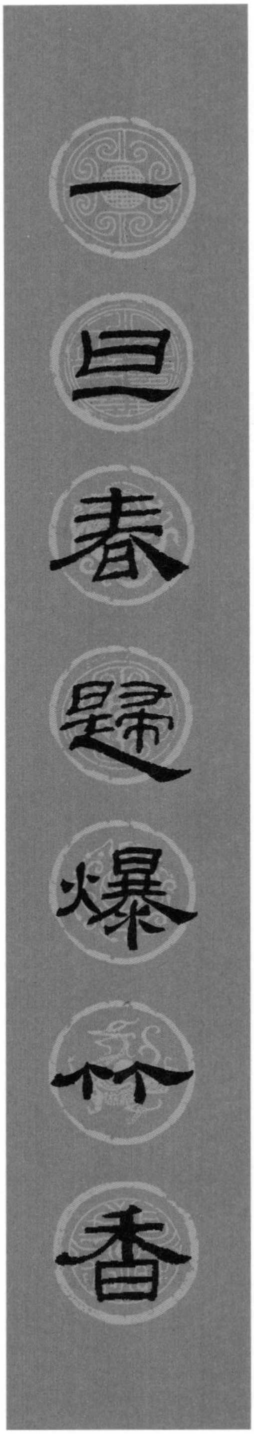

春风满面　百年冬尽梅花笑，一旦春归爆竹香

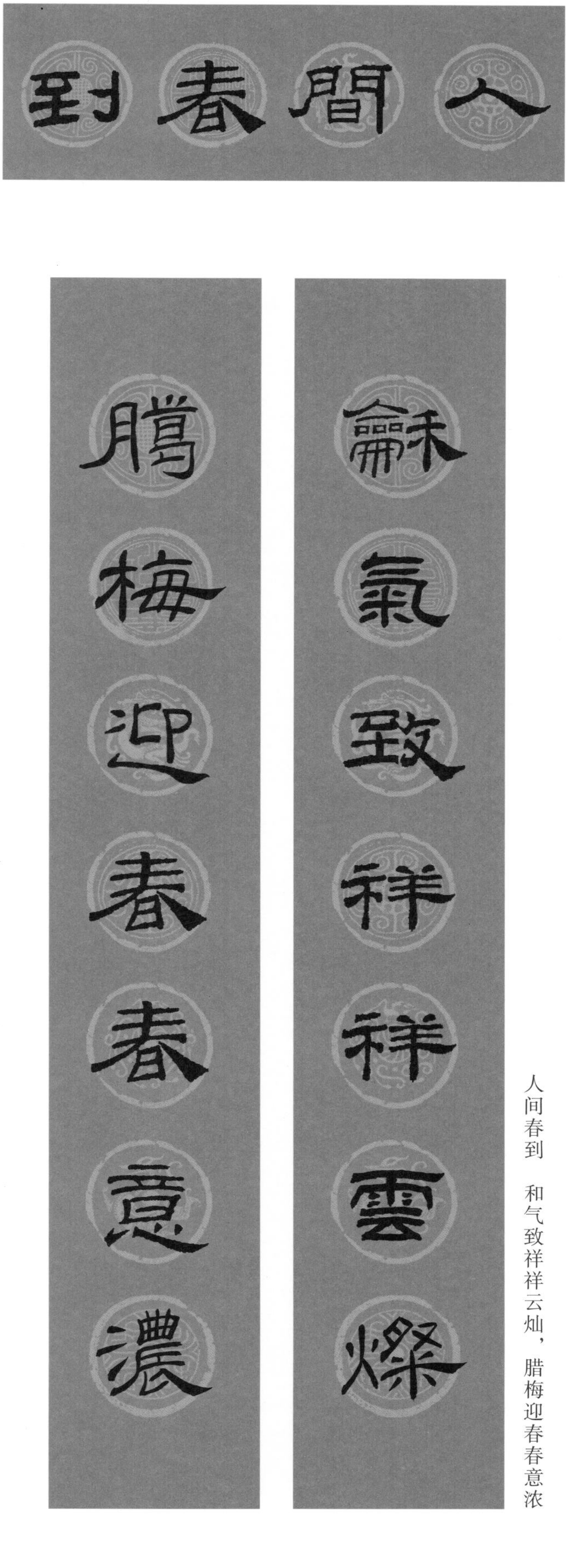

人间春到　和气致祥祥云灿，腊梅迎春春意浓

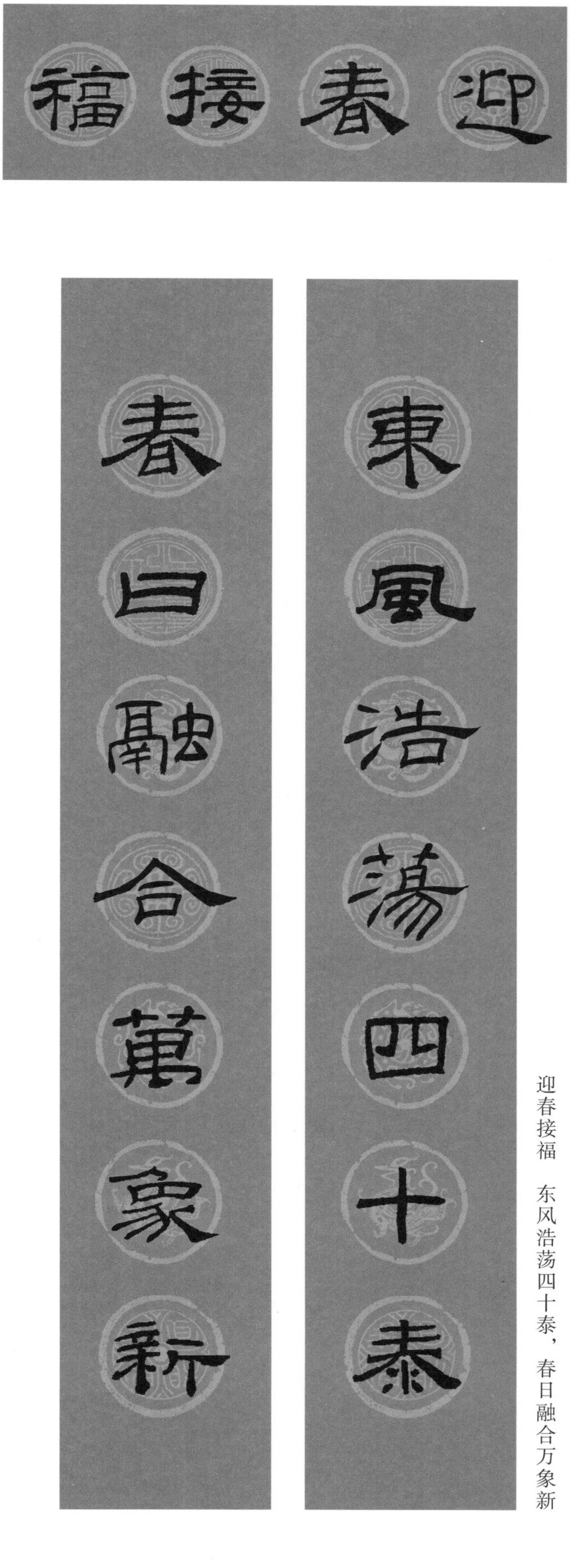

迎春接福　东风浩荡四十泰，春日融合万象新

喜迎新春

一年四季春常在

萬紫千紅花永開

喜迎新春　一年四季春常在，万紫千红花永开

新春似錦

太平有象人同樂

天地無私物自春

新春似锦　太平有象人同乐，天地无私物自春

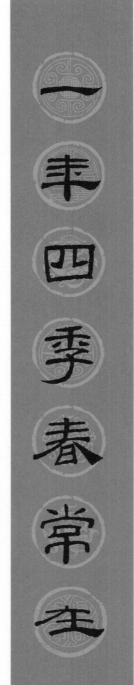

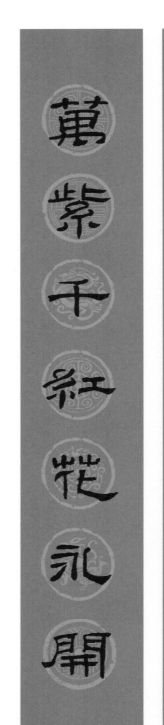

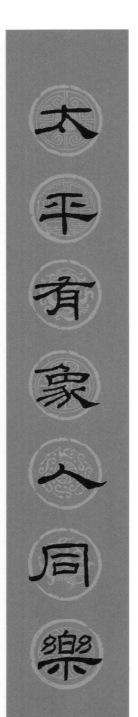

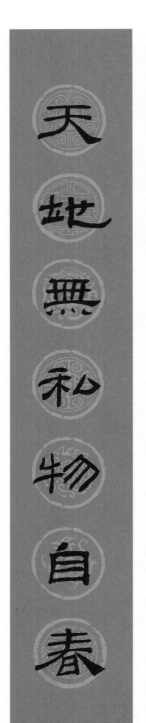

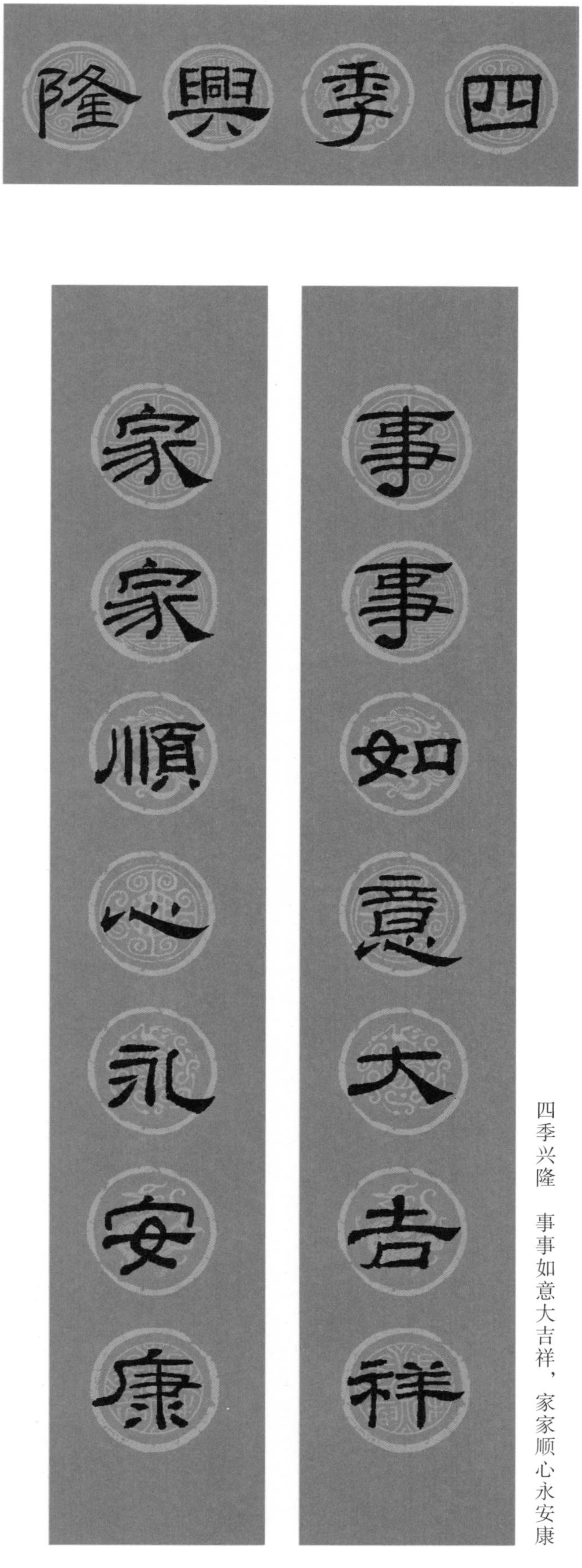

四季兴隆　事事如意大吉祥，家家顺心永安康

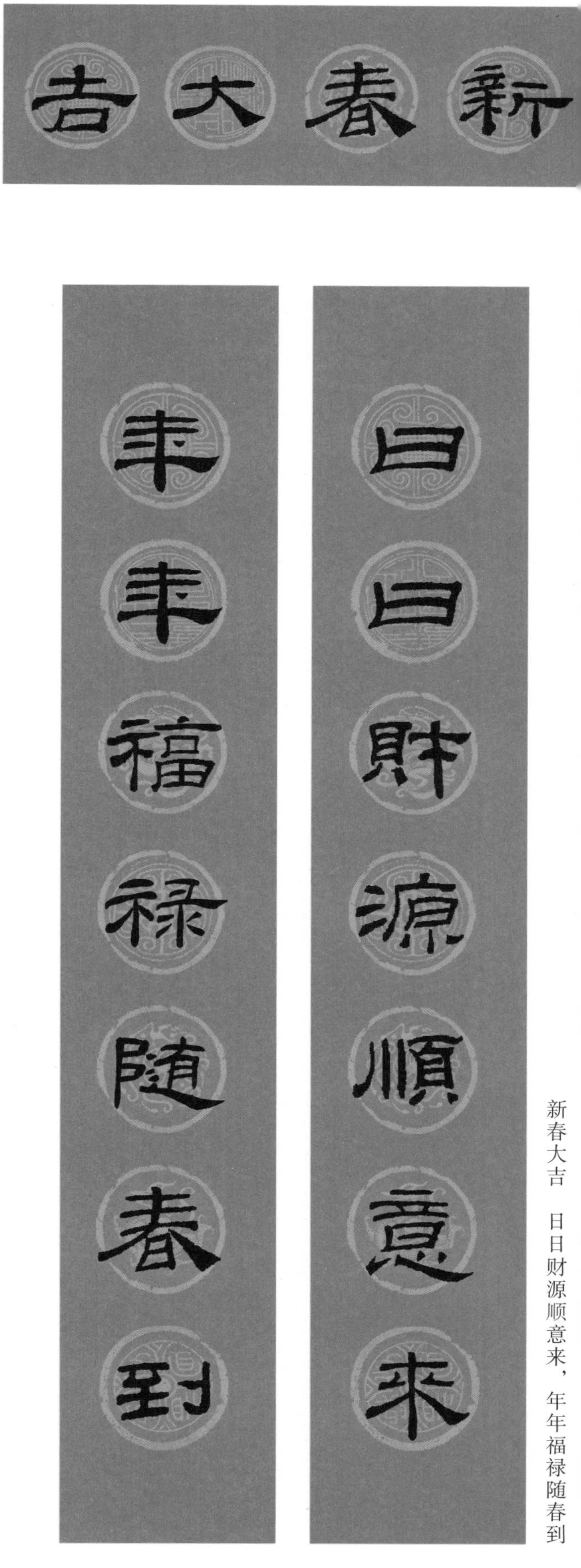

新春大吉　日日财源顺意来，年年福禄随春到

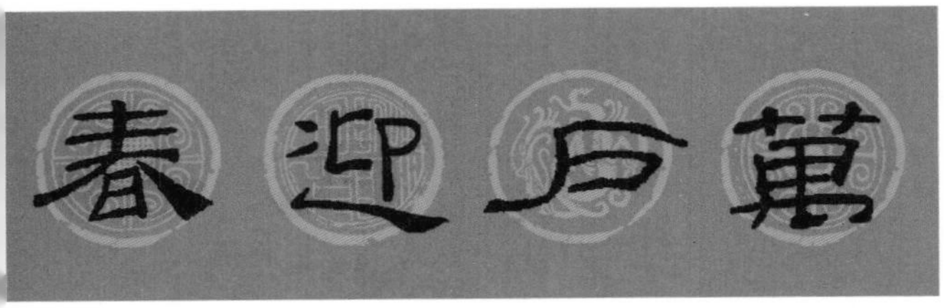

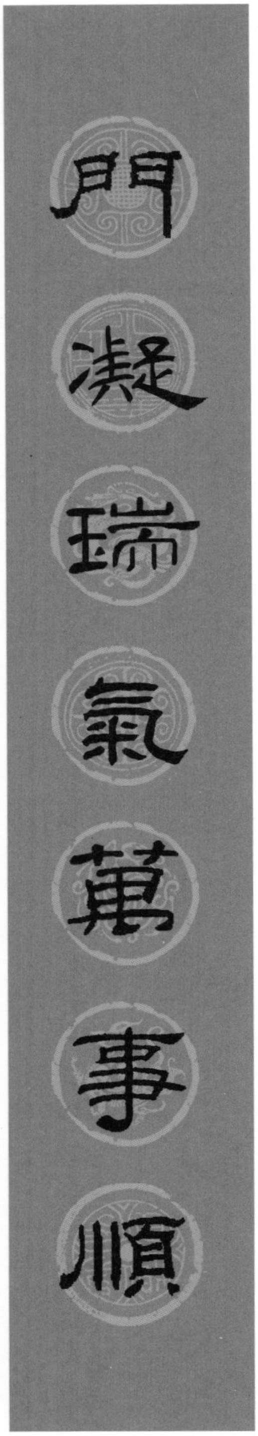

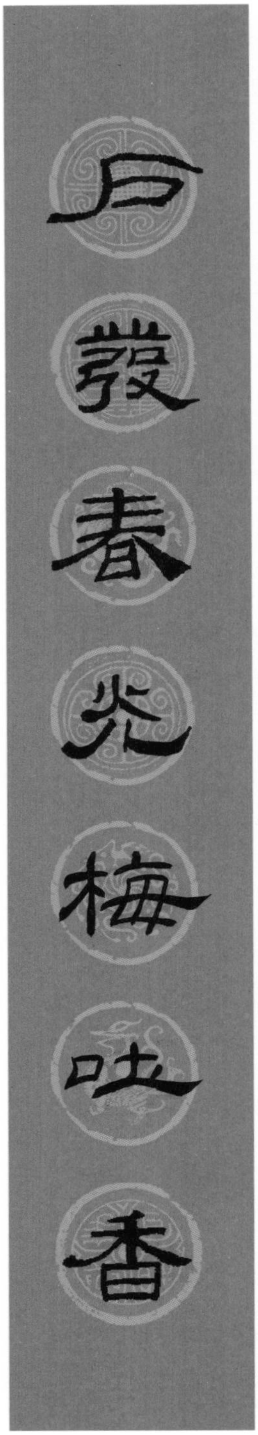

万户迎春　门凝瑞气万事顺，户发春光梅吐香

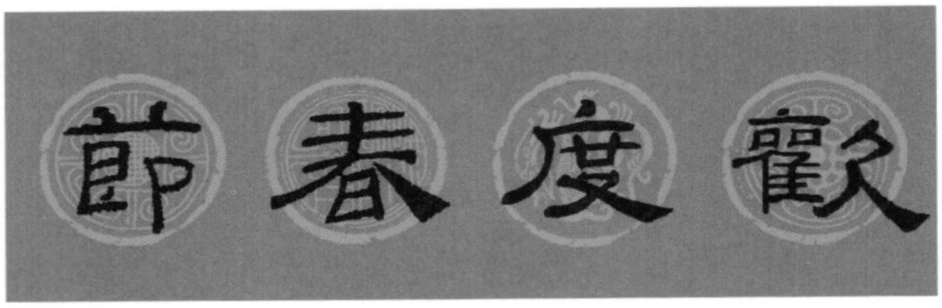

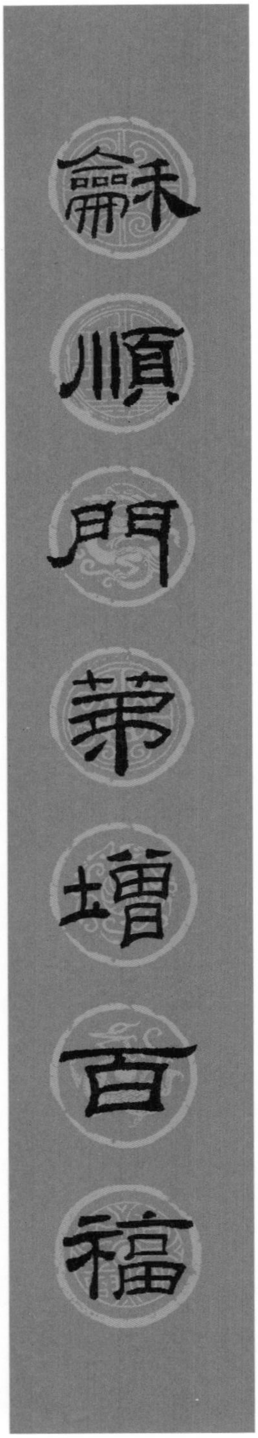

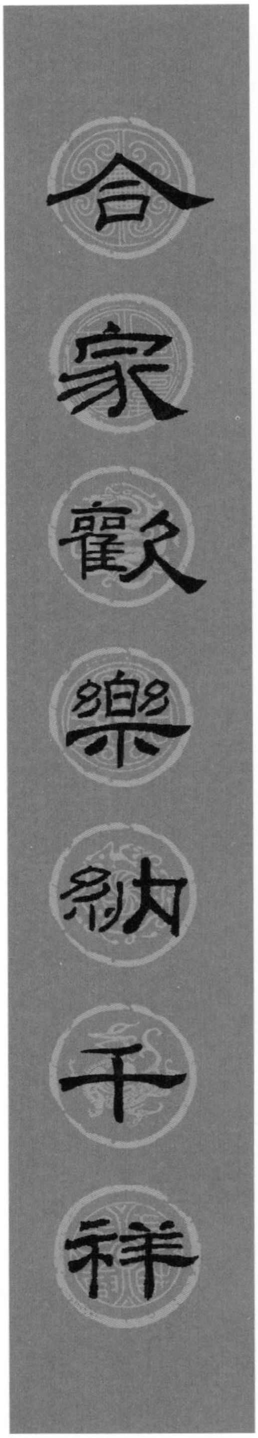

欢度春节　和顺门第增百福，合家欢乐纳千祥

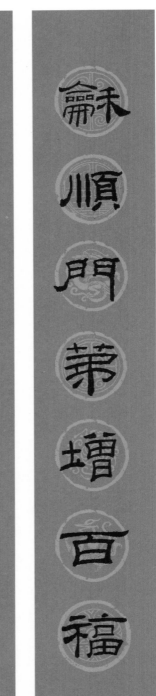

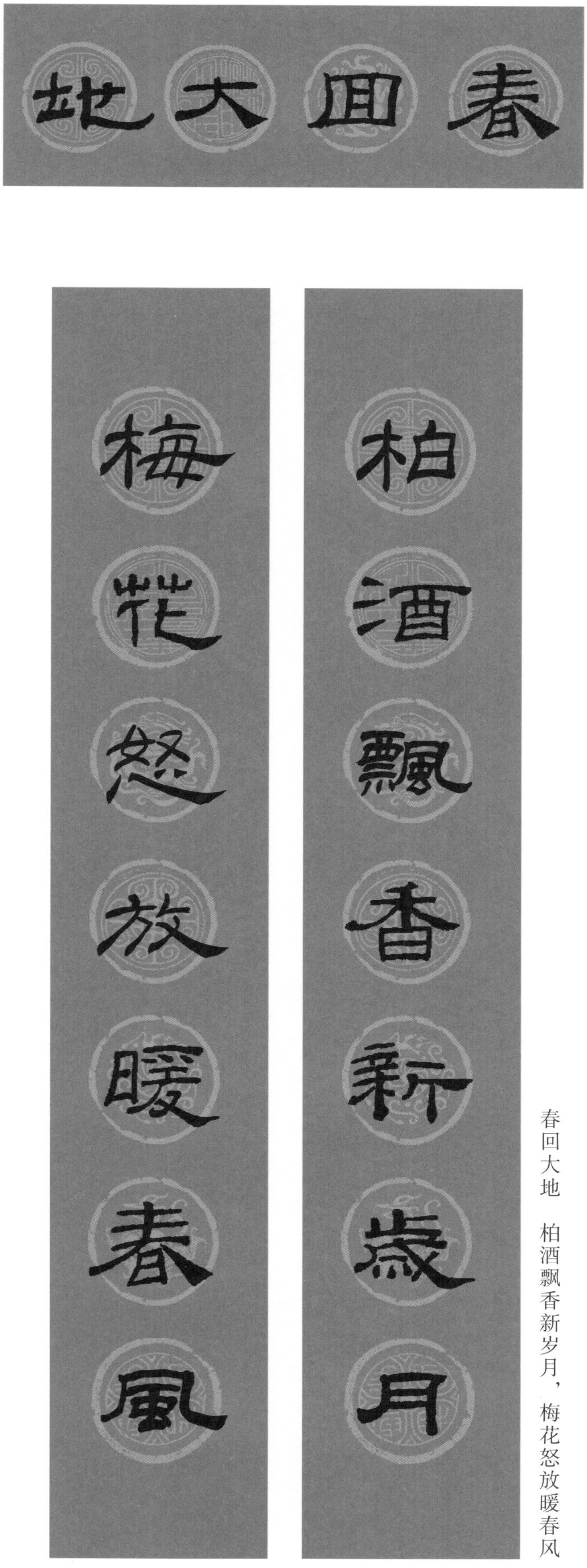
春回大地
柏酒飄香新歲月
梅花怒放暖春風

春回大地　柏酒飘香新岁月，梅花怒放暖春风

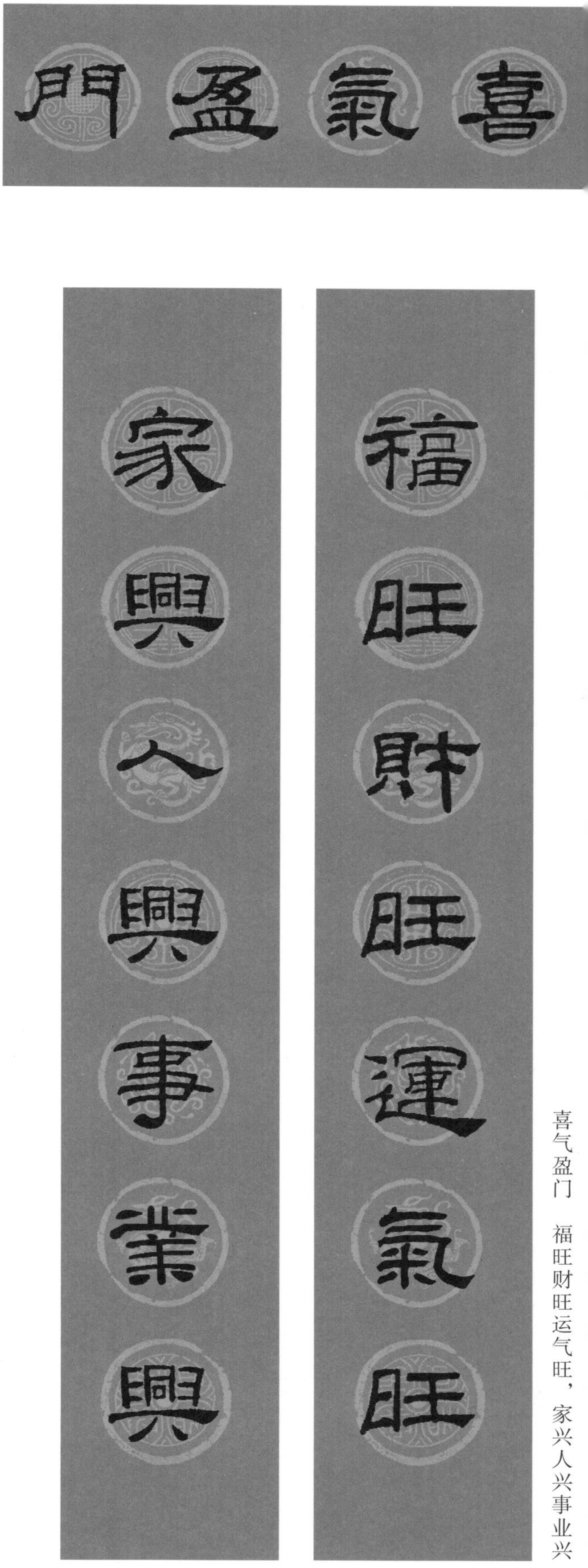
喜氣盈門
福旺財旺運氣旺
家興人興事業興

喜气盈门　福旺财旺运气旺，家兴人兴事业兴

春風徐來

長天氣轉千山綠

大地春回百草香

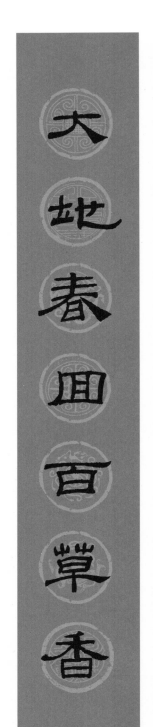

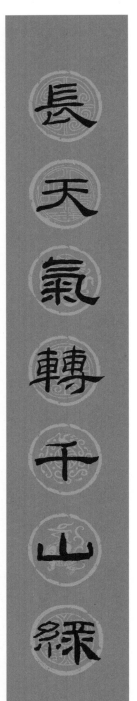

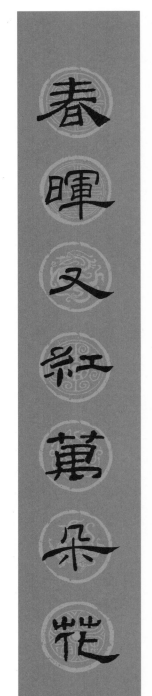

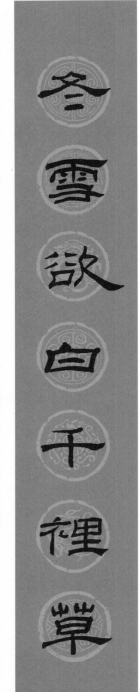

春风徐来　长天气转千山绿，大地春回百草香

四海皆春

冬雪欲白千裡草

春暉又紅萬朵花

四海皆春　冬雪欲白千里草，春晖又红万朵花

二、生肖春联篇

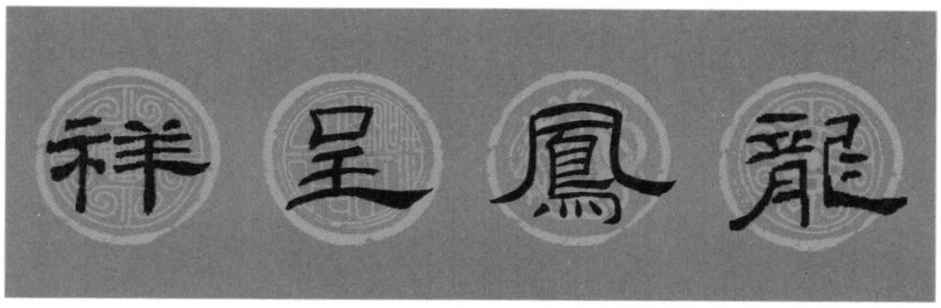

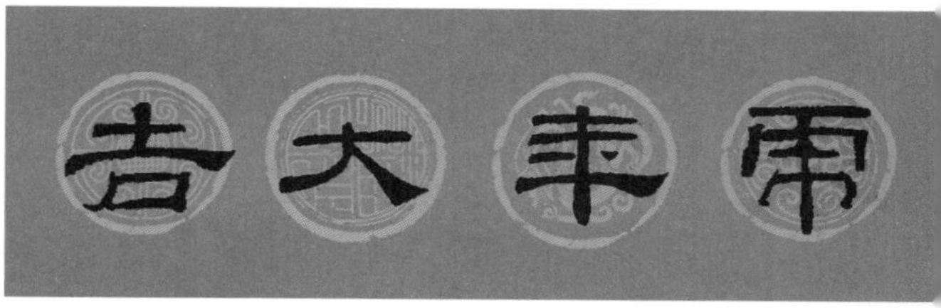

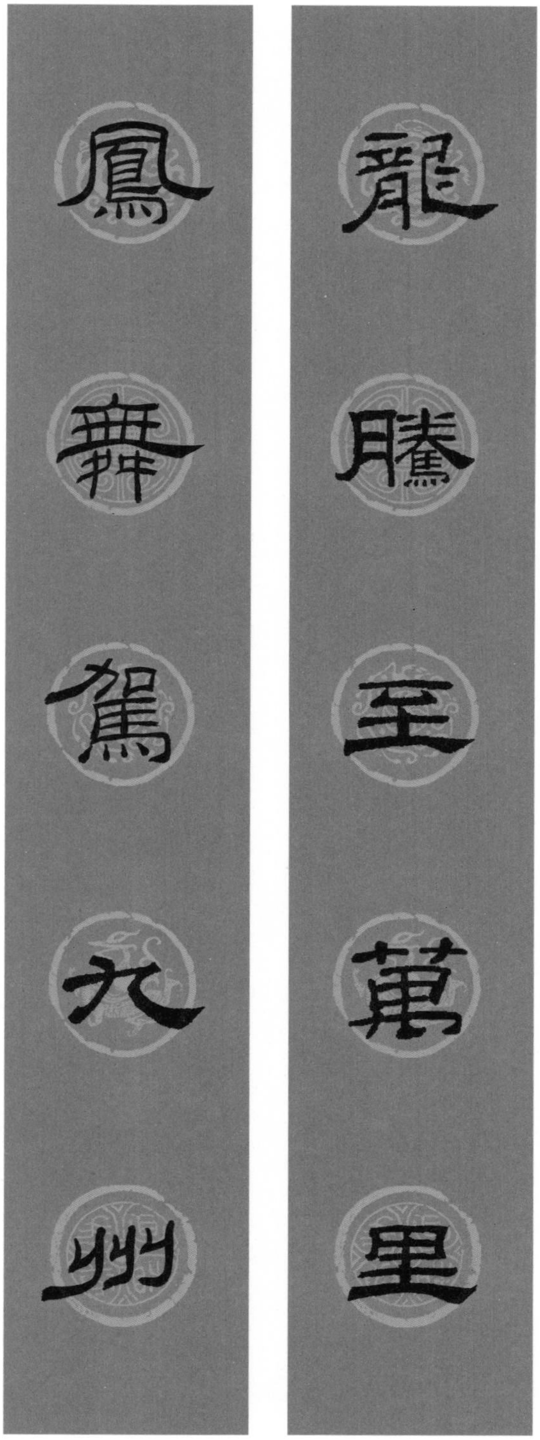

龙凤呈祥　龙腾至万里，凤舞驾九州

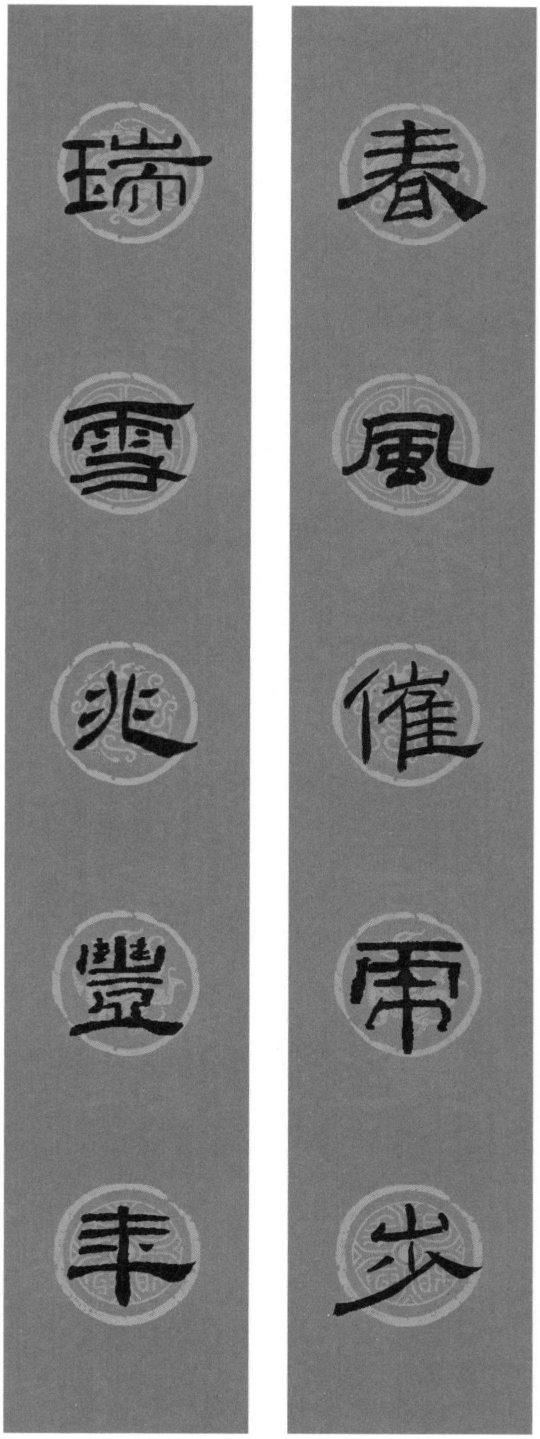

虎年大吉　春风催虎步，瑞雪兆丰年

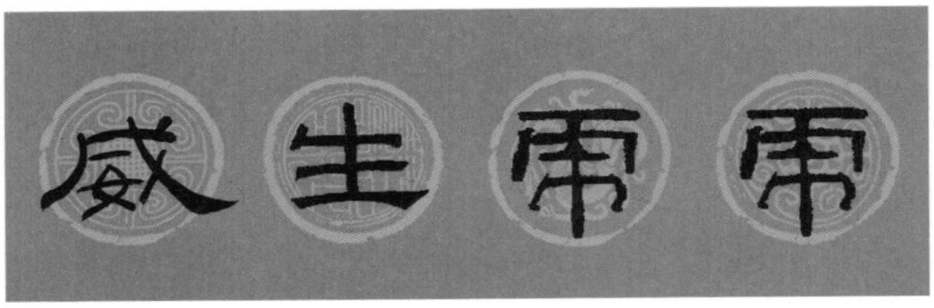

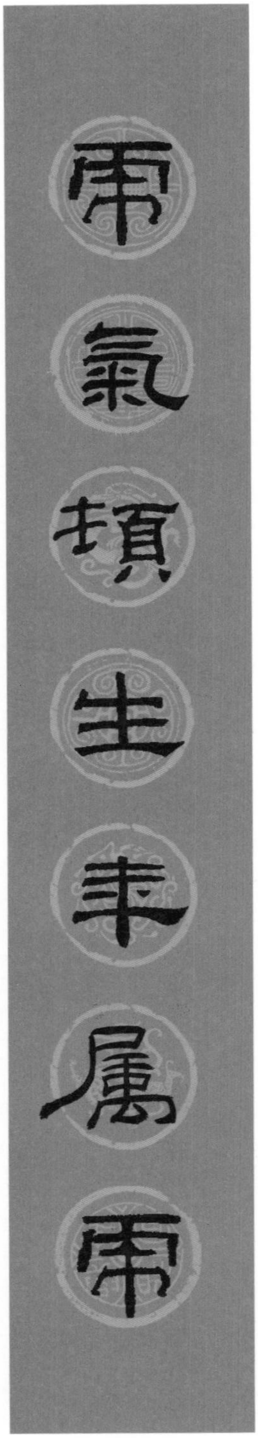

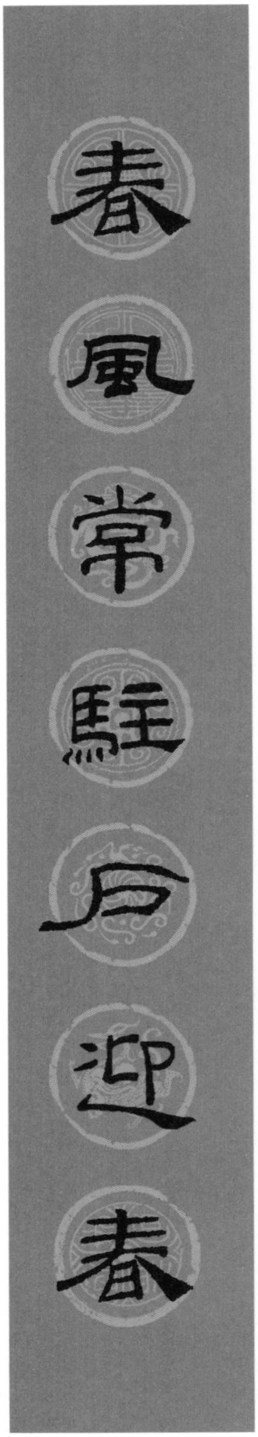

虎虎生威　虎气顿生年属虎，春风常驻户迎春

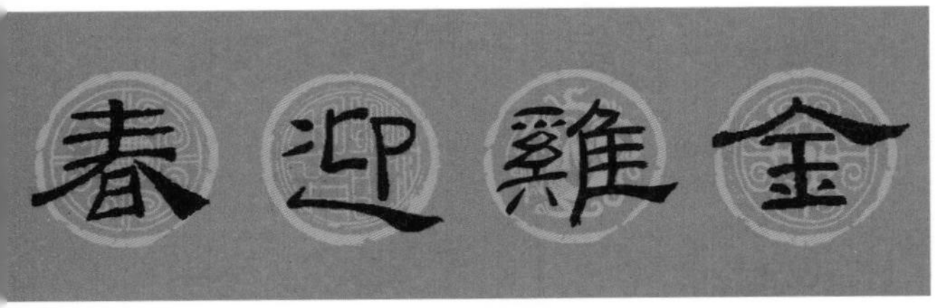

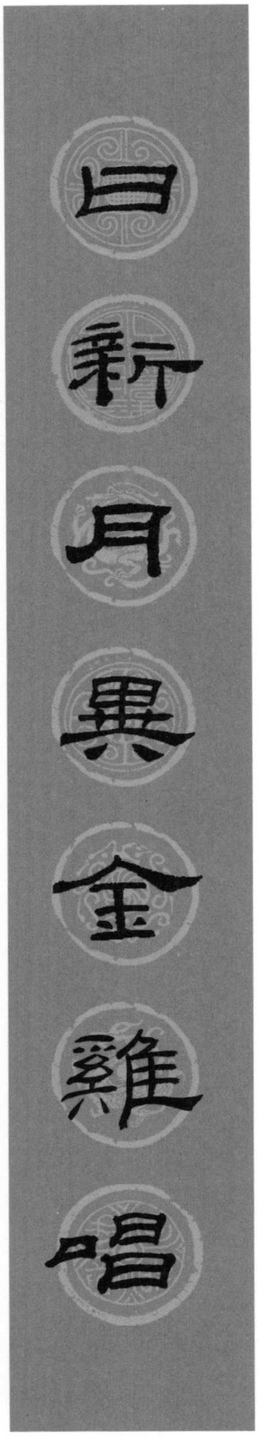

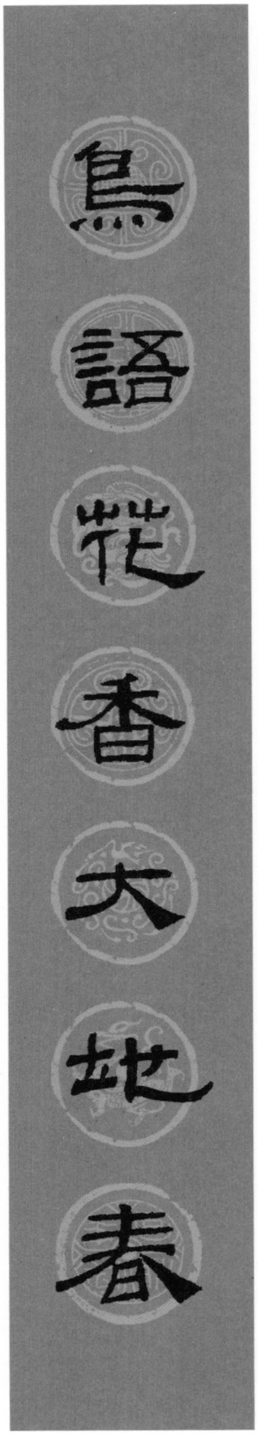

金鸡迎春　日新月异金鸡唱，鸟语花香大地春

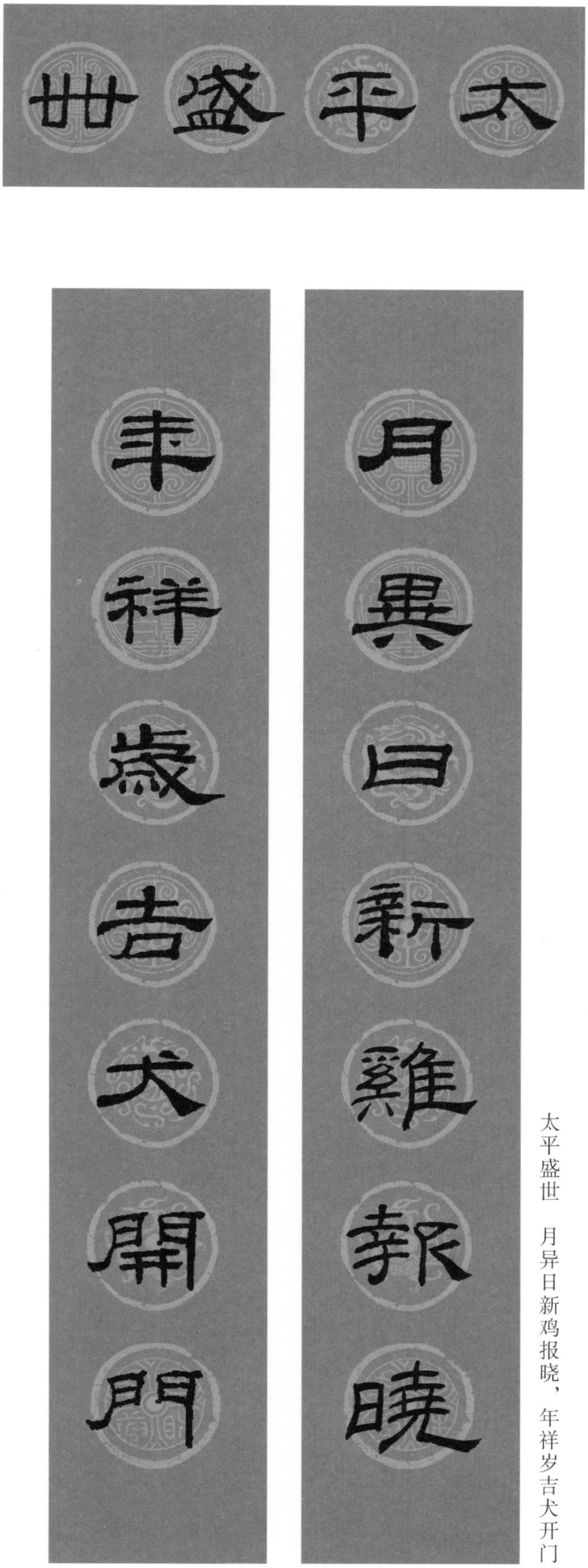

太平盛世　月异日新鸡报晓，年祥岁吉犬开门

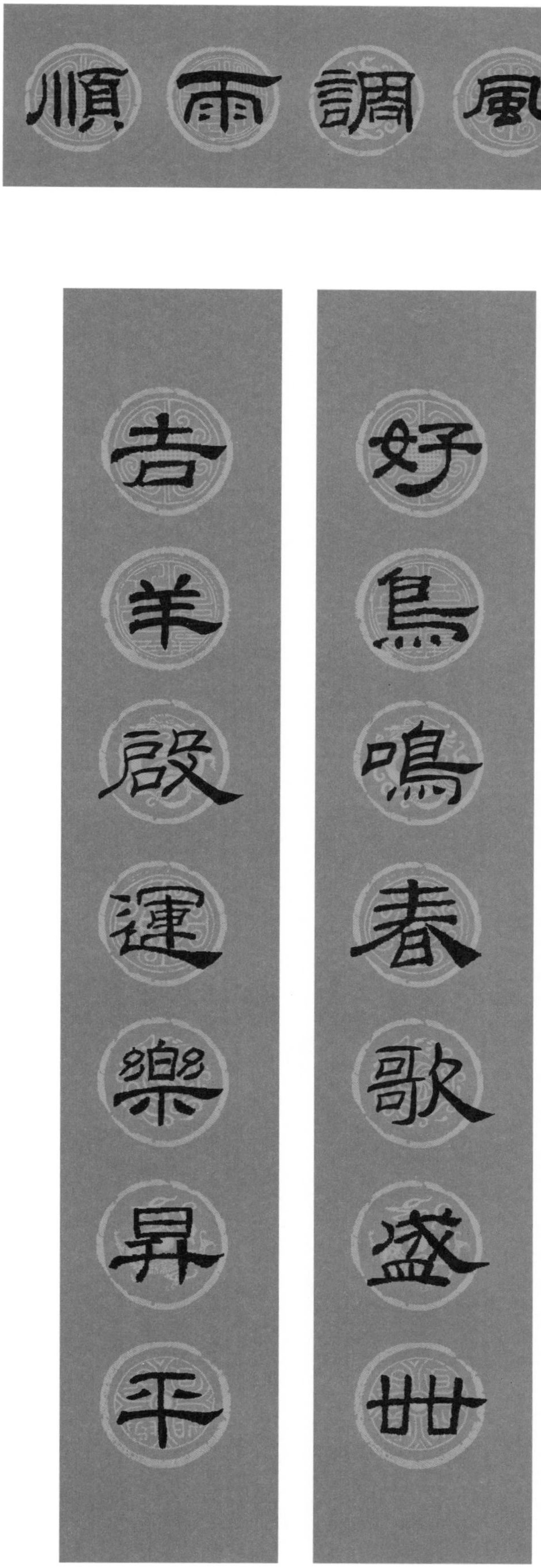

风调雨顺　好鸟鸣春歌盛世，吉羊启运乐升平

四海龍騰

彩鳳來儀迎大治

金龍起舞慶新春

四海龙腾　彩凤来仪迎大治，金龙起舞庆新春

魚躍龍門

山歡水笑普天樂

龍去虵來遍地春

鱼跃龙门　山欢水笑普天乐，龙去蛇来遍地春

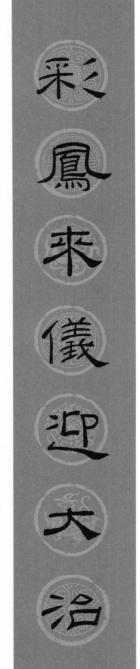

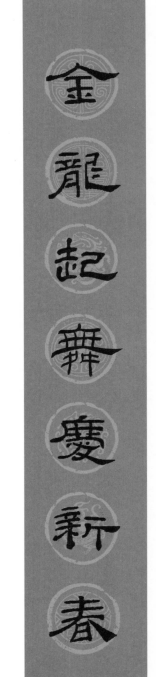

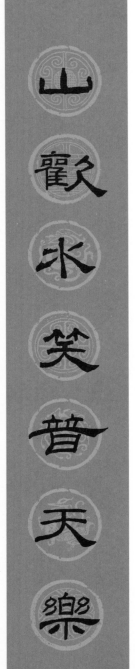

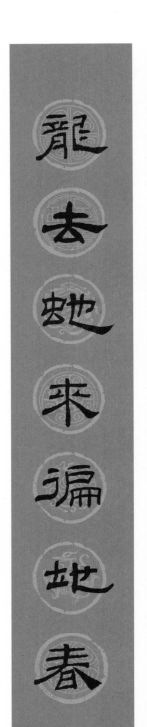

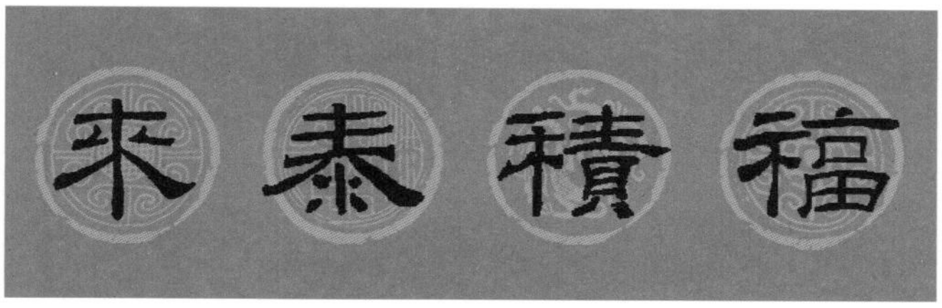

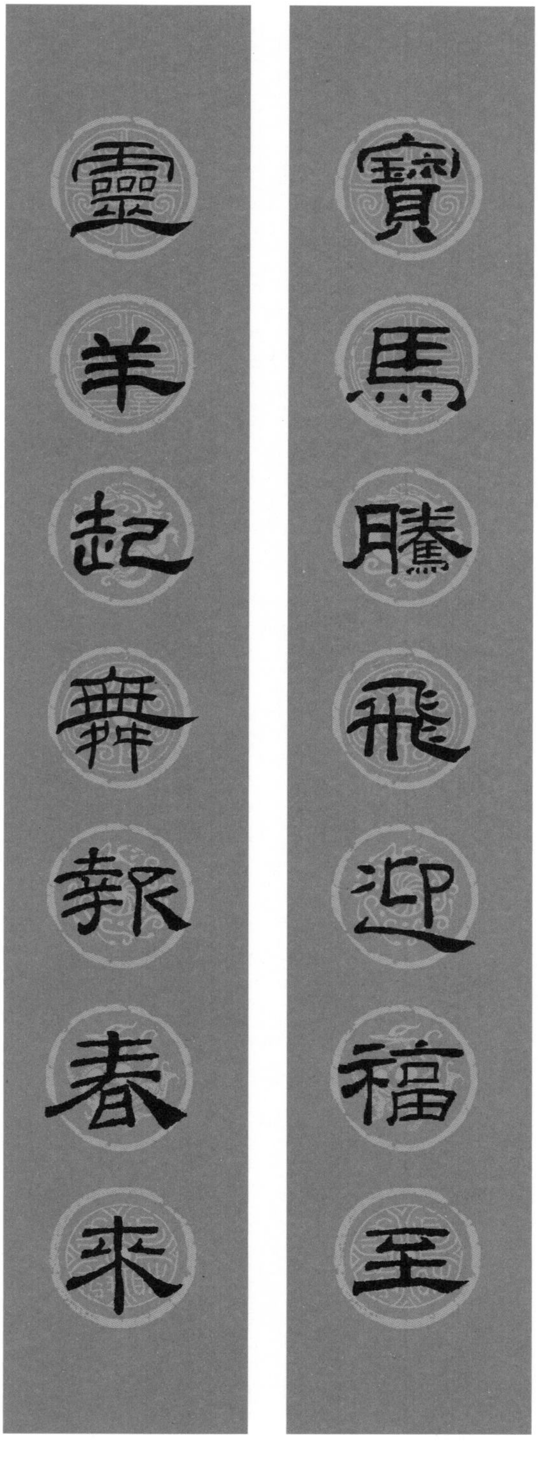

福积泰来　宝马腾飞迎福至，灵羊起舞报春来

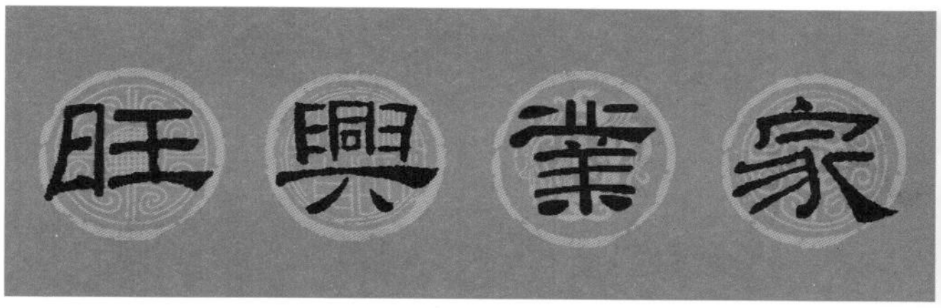

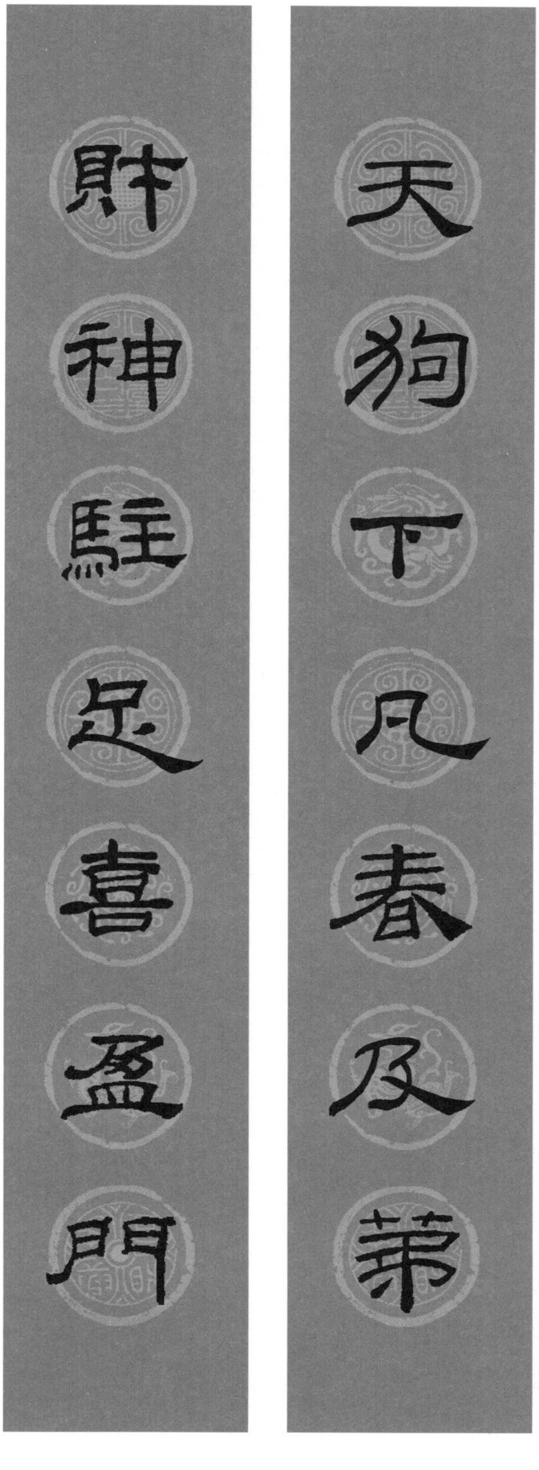

家业兴旺　天狗下凡春及第，财神驻足喜盈门

萬馬奔騰

馬逢伯樂馳千里

鵬舉高天展萬程

万马奔腾　马逢伯乐驰千里，鹏举高天展万程

三羊開泰

金駒辭歲羊報吉

丹鳳朝陽燕迎春

三羊开泰　金驹辞岁羊报吉，丹凤朝阳燕迎春

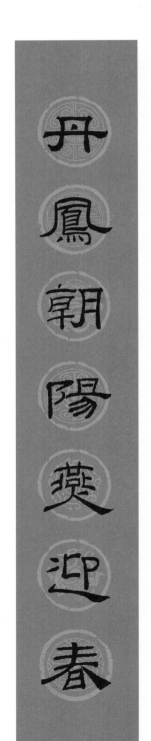

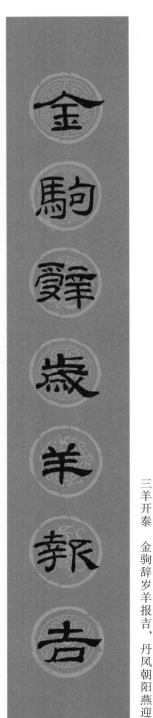

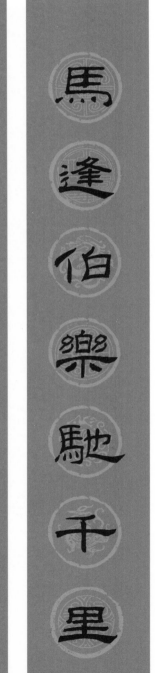

羊年大吉

春染紅棉迎旭日

羊銜金穗報豐年

羊年大吉　春染红棉迎旭日，羊衔金穗报丰年

安居樂業

子夜鐘聲揚吉慶

狗年爆竹報平安

安居乐业　子夜钟声扬吉庆，狗年爆竹报平安

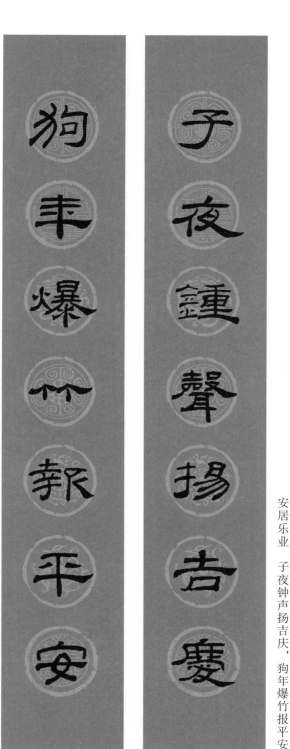

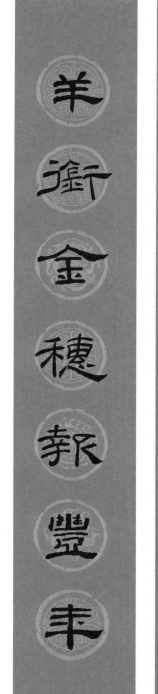

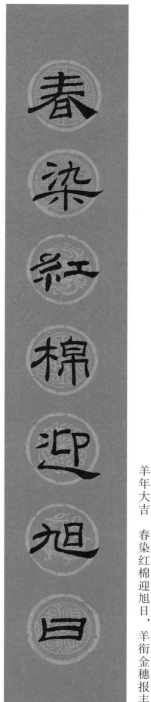

天地同春

白雪吉兆豐新歲

金雞喜報太平年

天地同春　白雪吉兆丰新岁，金鸡喜报太平年

新春獻瑞

恰逢盛世猪如象

喜慶新春魚化龍

新春献瑞　恰逢盛世猪如象，喜庆新春鱼化龙

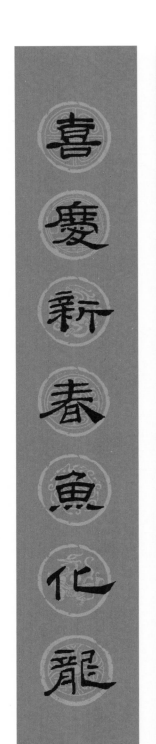

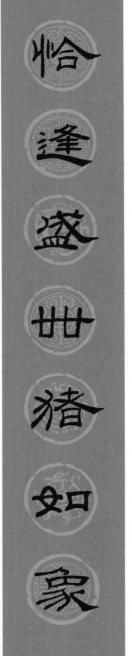

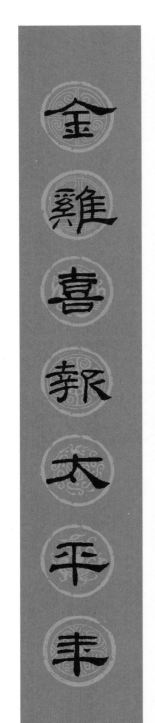

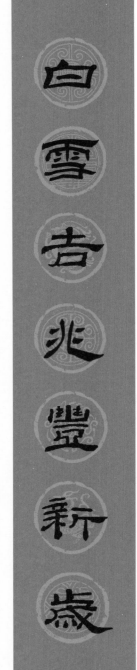

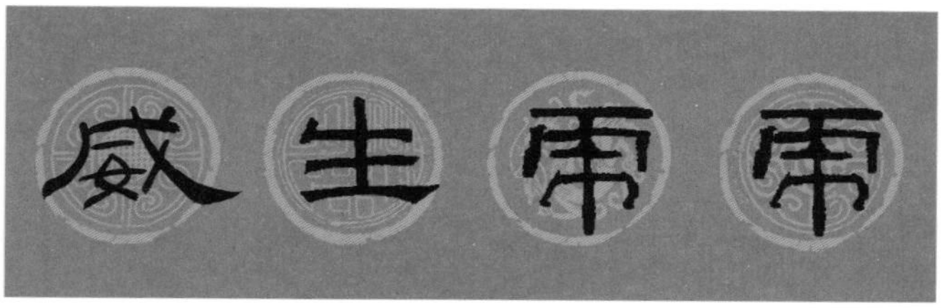

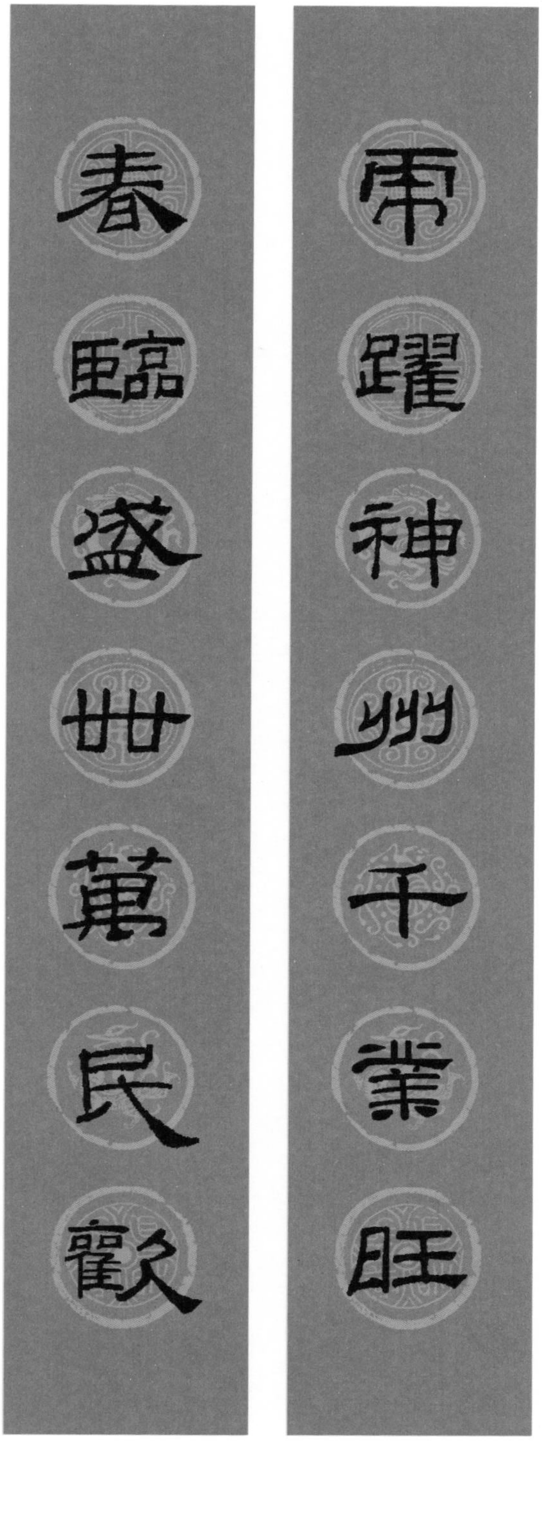

虎虎生威　虎跃神州千业旺，春临盛世万民欢

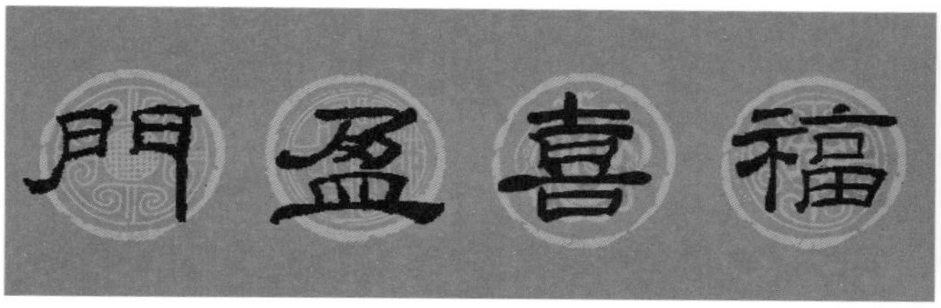

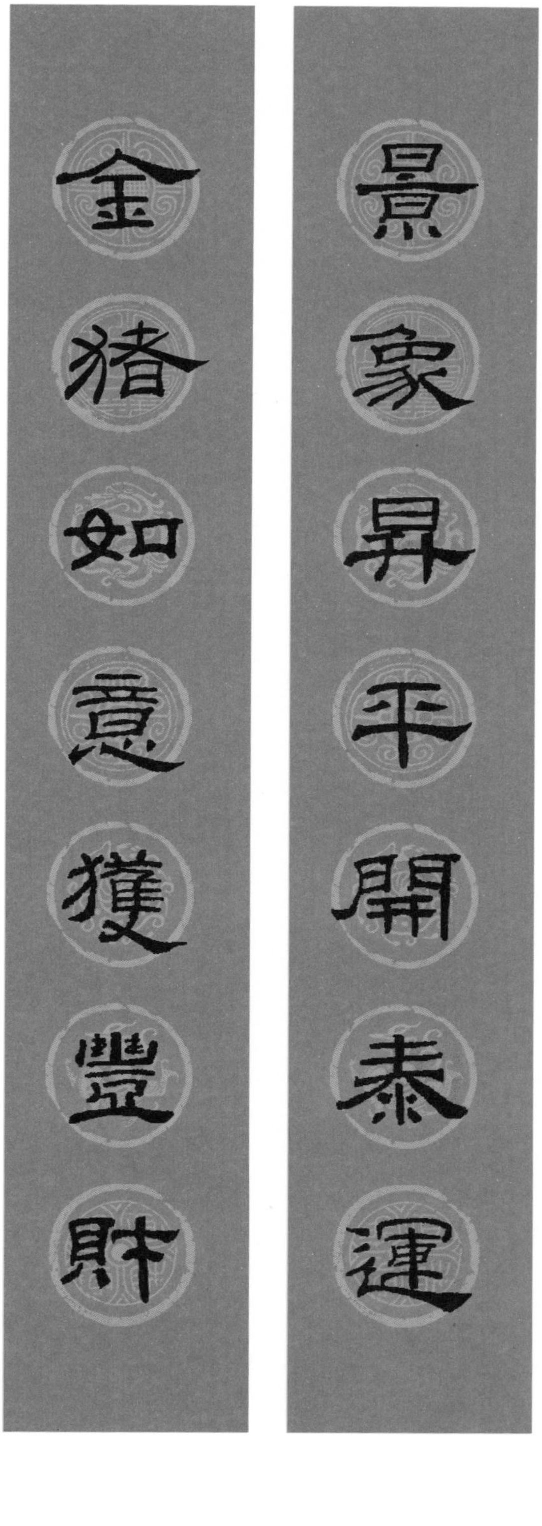

福喜盈门　景象升平开泰运，金猪如意获丰财

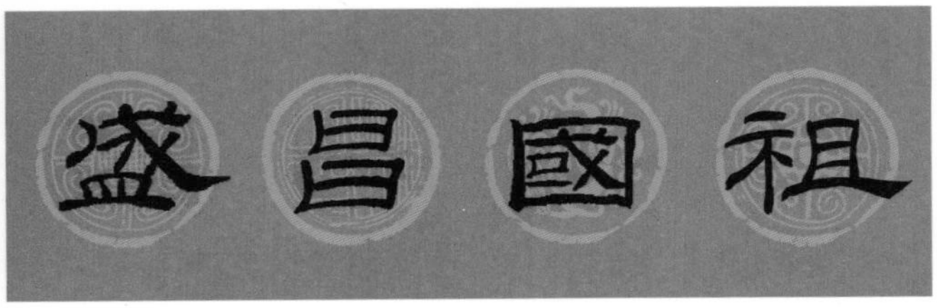

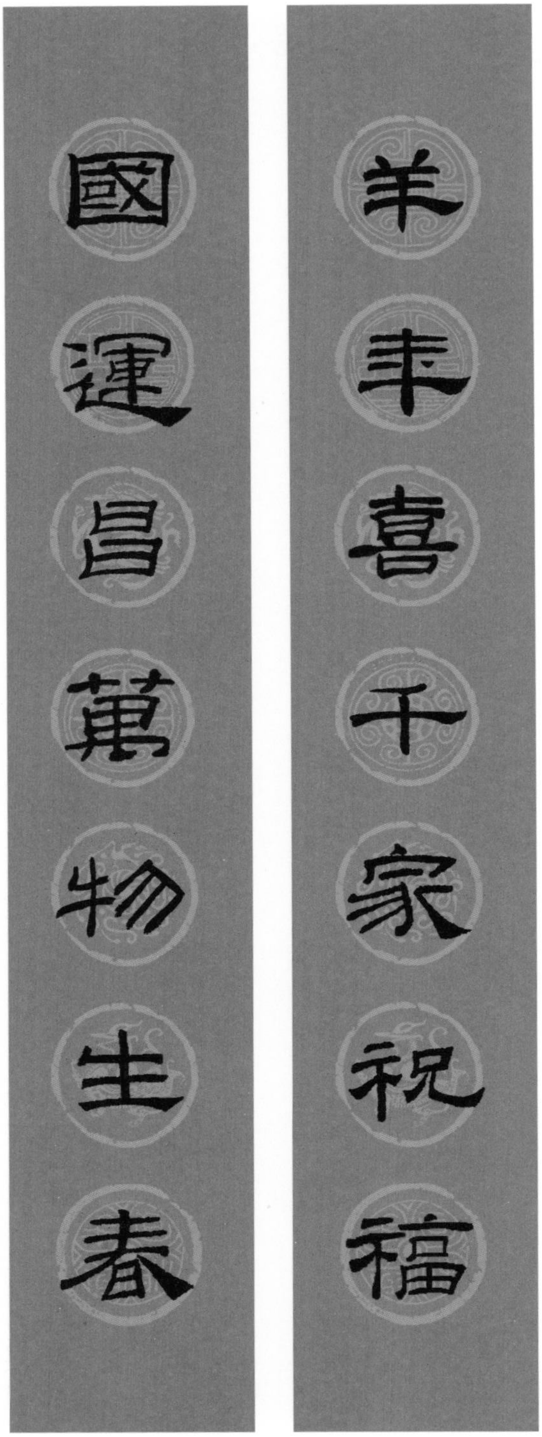

祖国昌盛　羊年喜千家祝福，国运昌万物生春

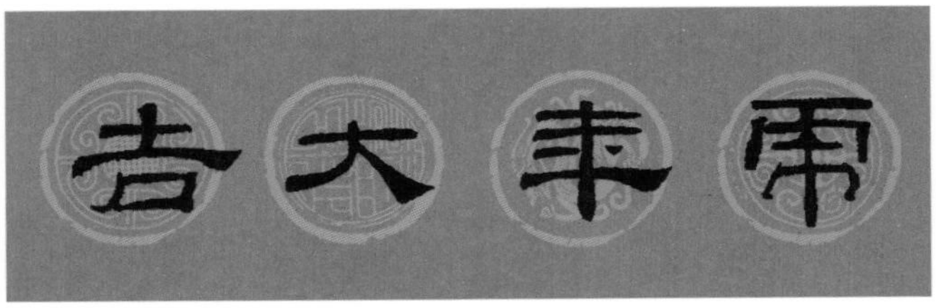

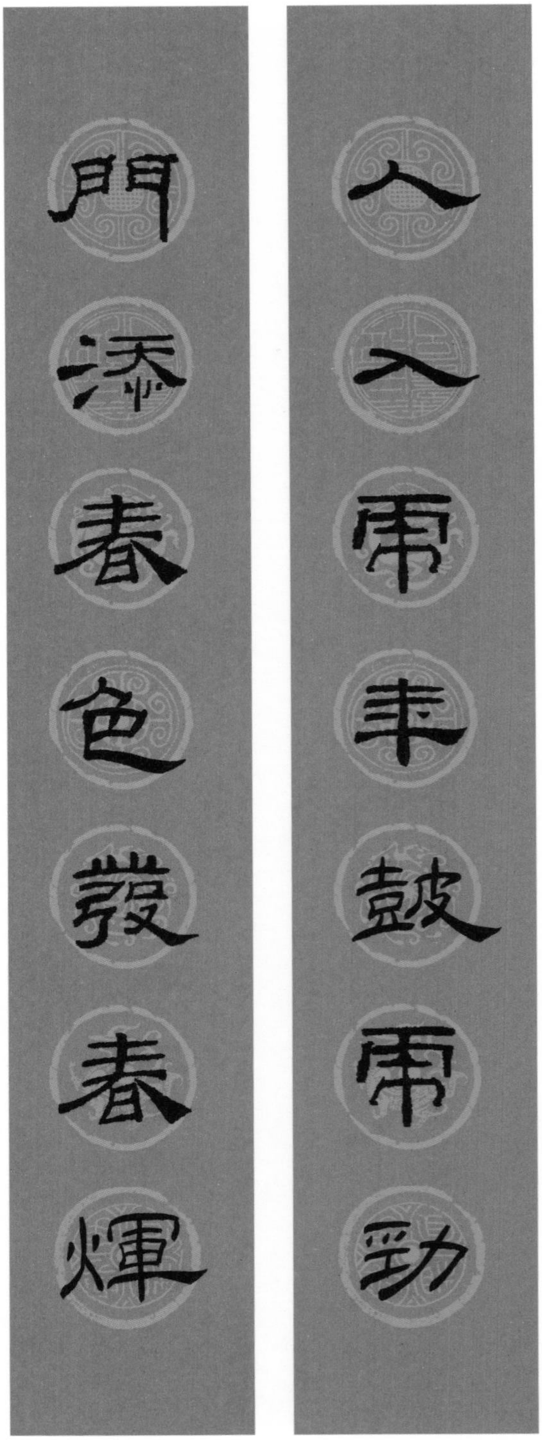

虎年大吉　人入虎年鼓虎劲，门添春色发春辉

三、国泰民安篇

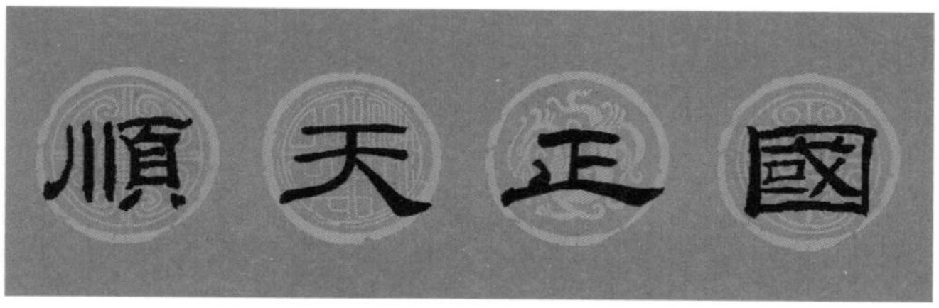

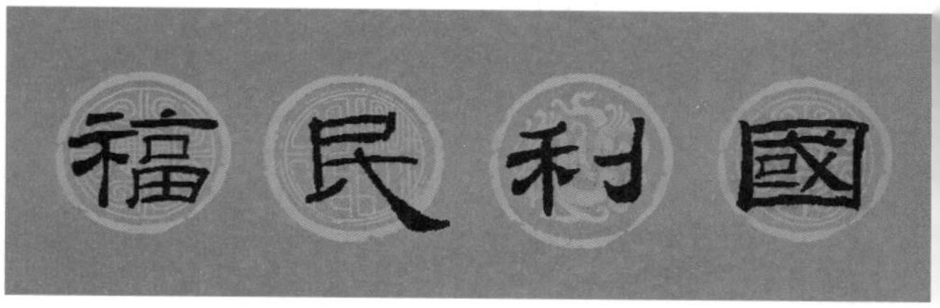

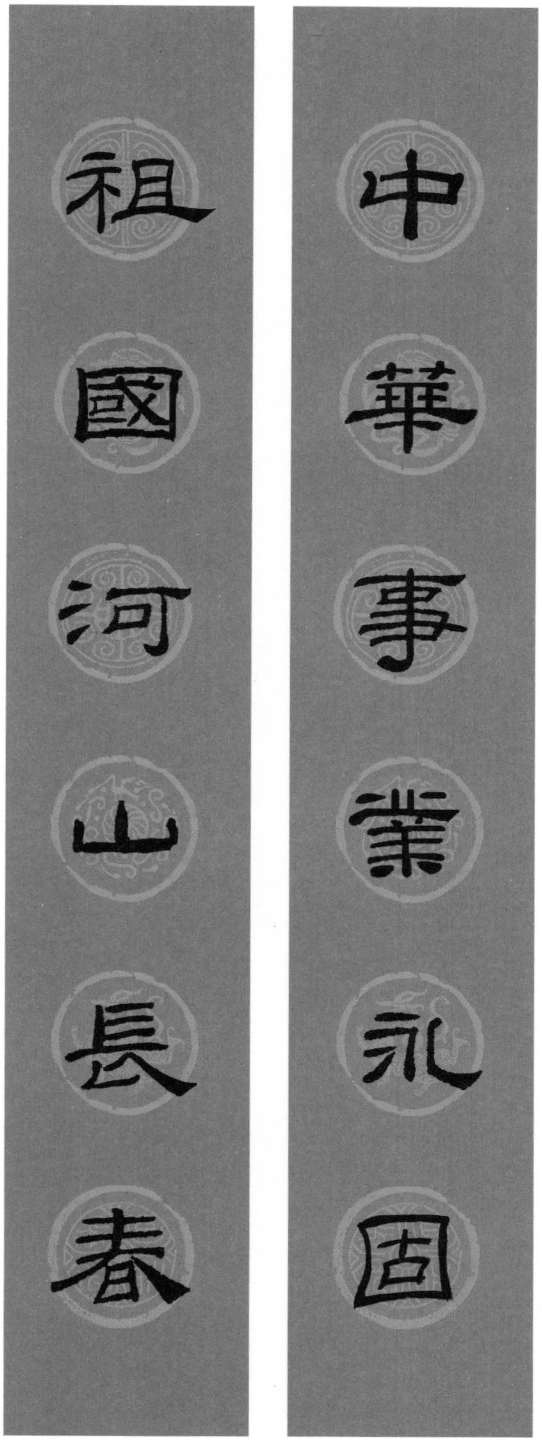

国正天顺　中华事业永固，祖国河山长春

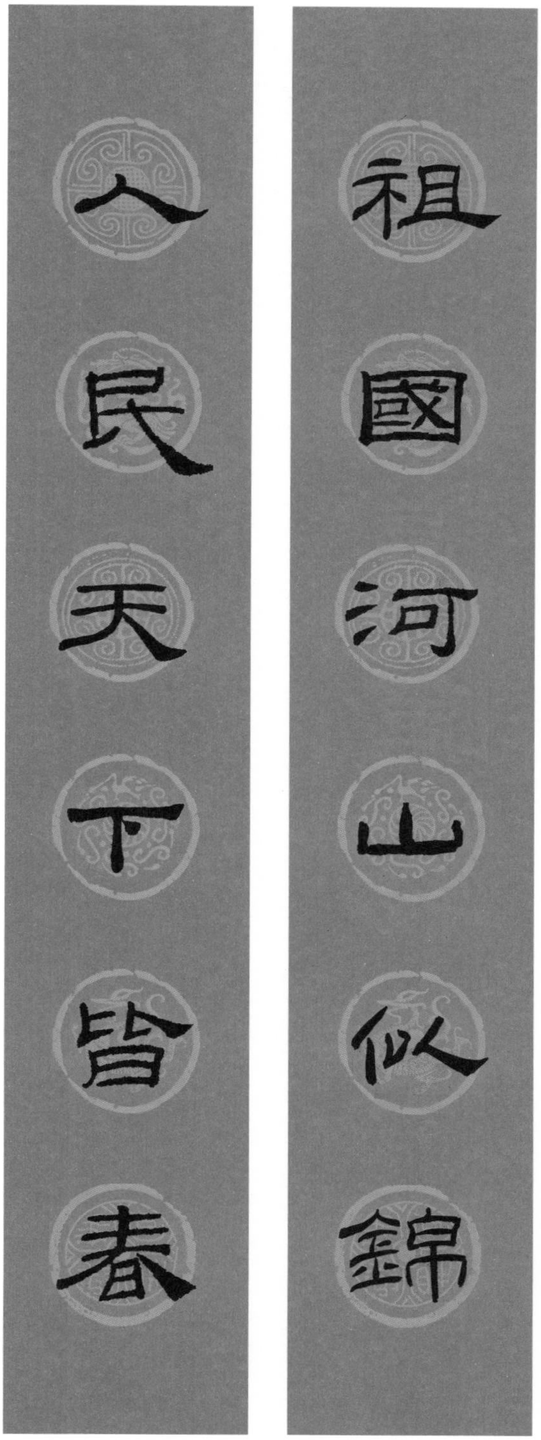

国利民福　祖国河山似锦，人民天下皆春

國運無疆

國富民强盛世

鳥語花香新春

国运无疆　国富民强盛世，鸟语花香新春

福滿人間

家富國强民樂

春新日麗花香

福满人间　家富国强民乐，春新日丽花香

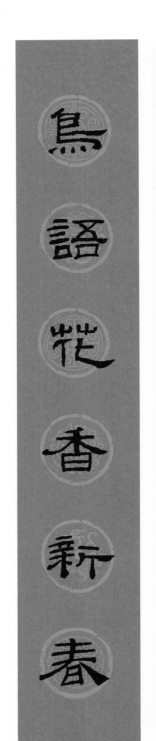

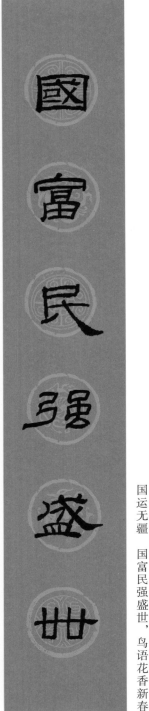

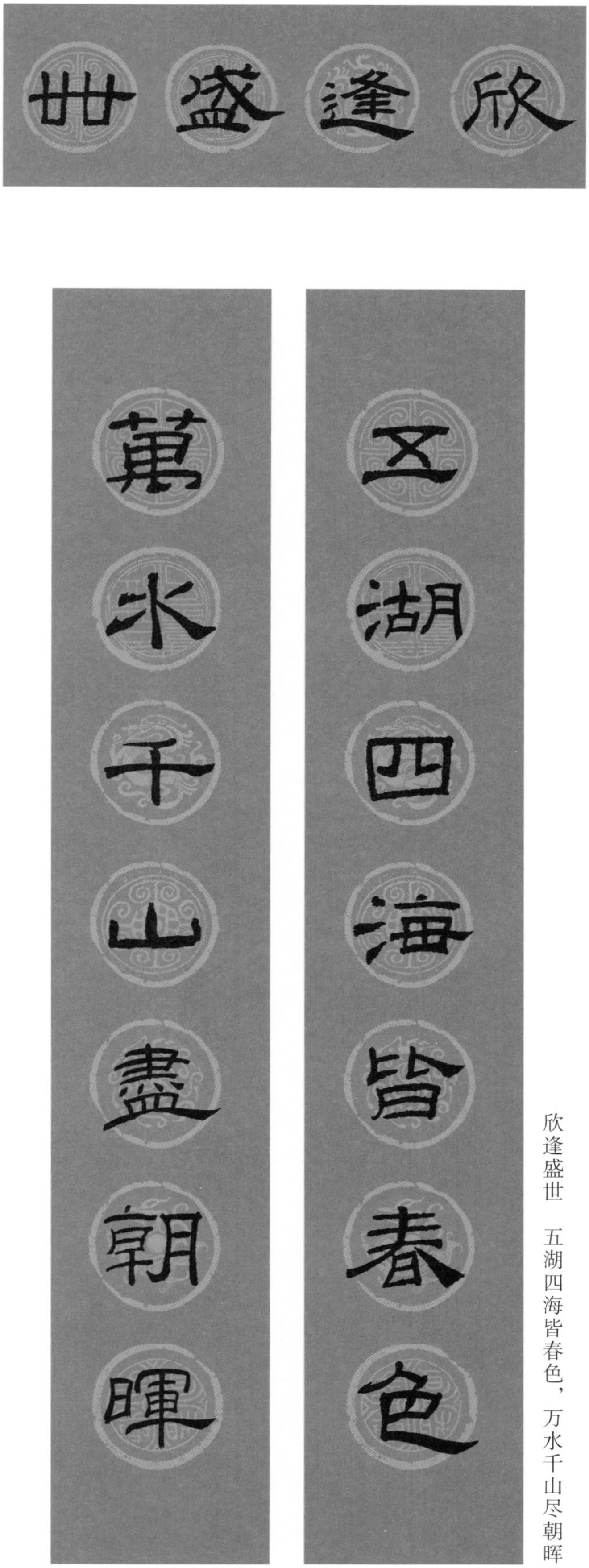

欣逢盛世　五湖四海皆春色，万水千山尽朝晖

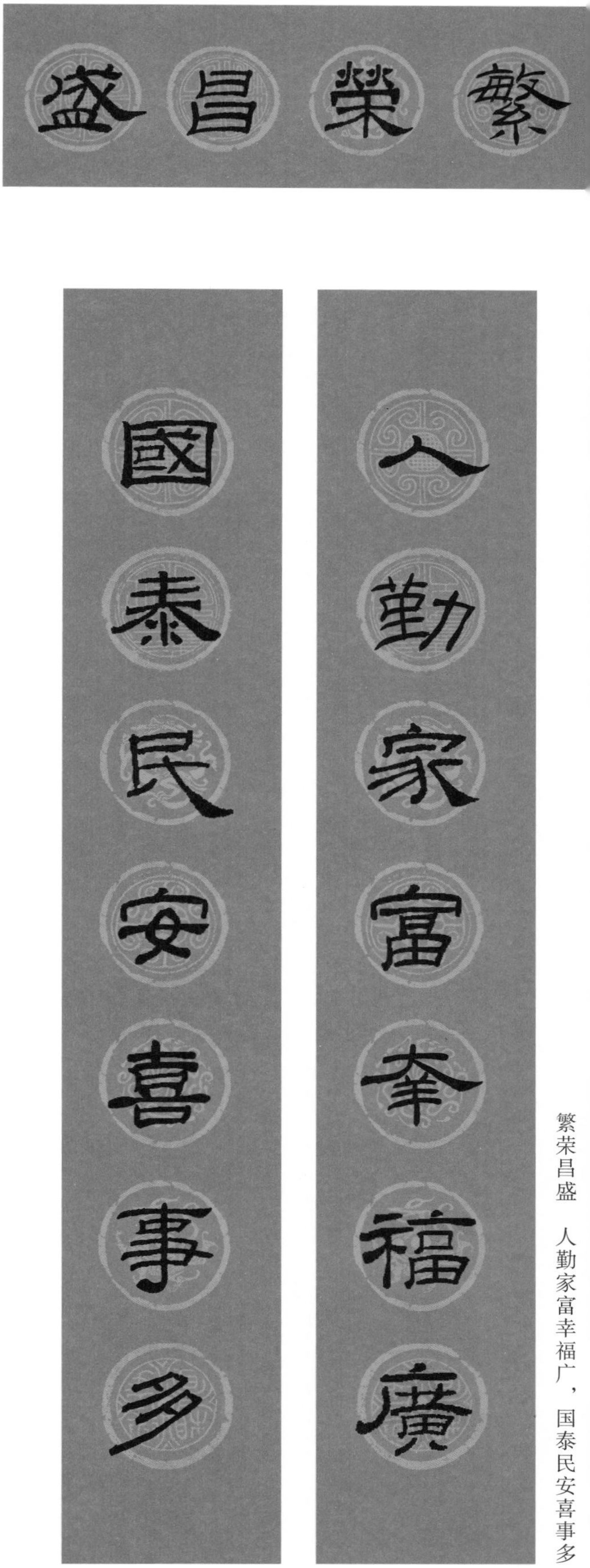

繁荣昌盛　人勤家富幸福广，国泰民安喜事多

國泰民安

百年天地回元氣

一統山河際太平

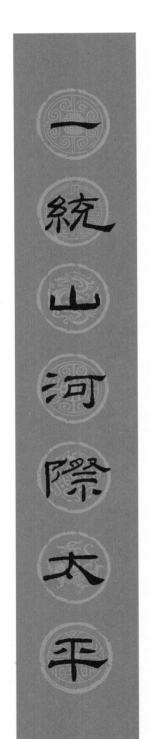

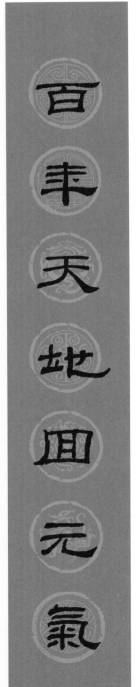

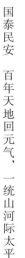

国泰民安　百年天地回元气，一统山河际太平

福滿人間

人壽年豐全家福

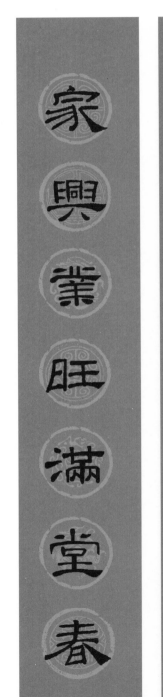

家興業旺滿堂春

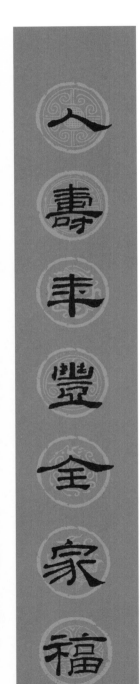

福满人间　人寿年丰全家福，家兴业旺满堂春

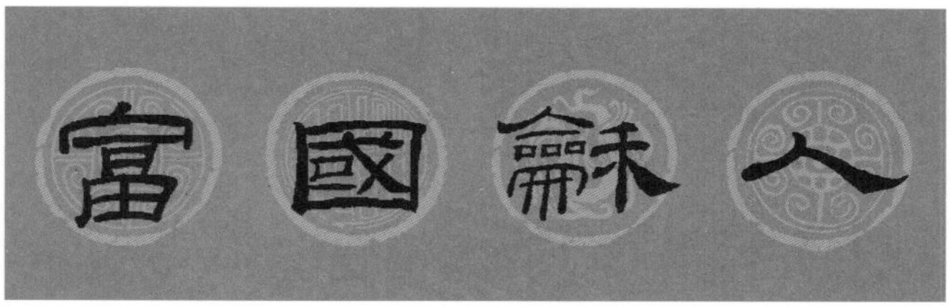

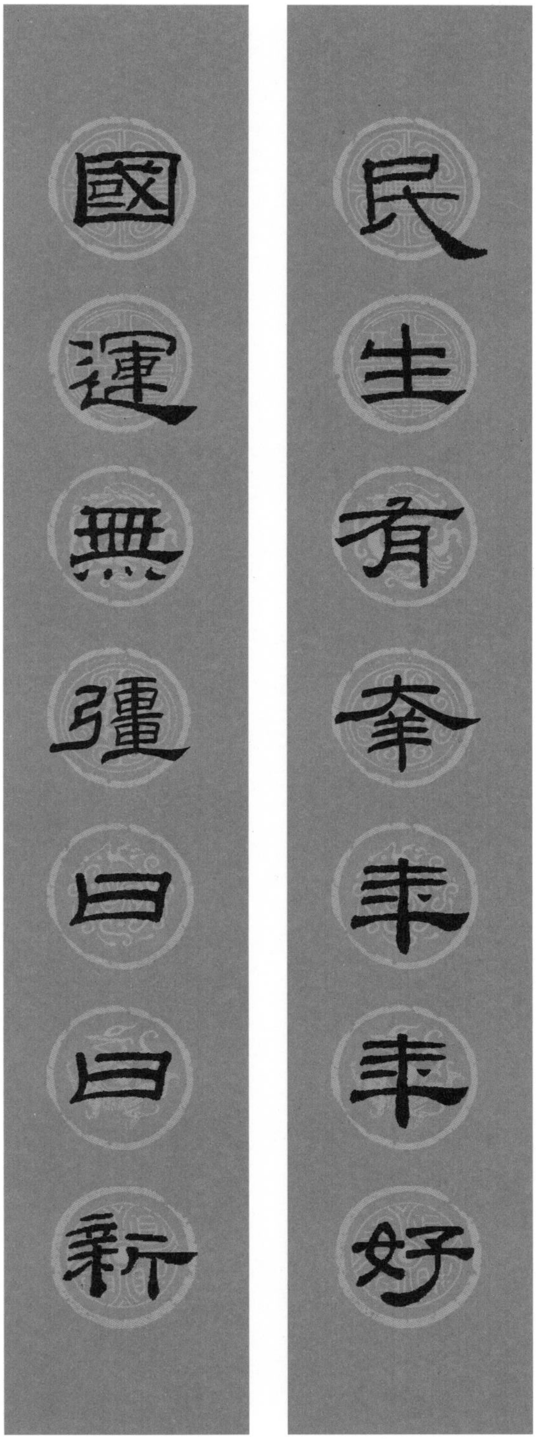

人和国富　民生有幸年年好，国运无疆日日新

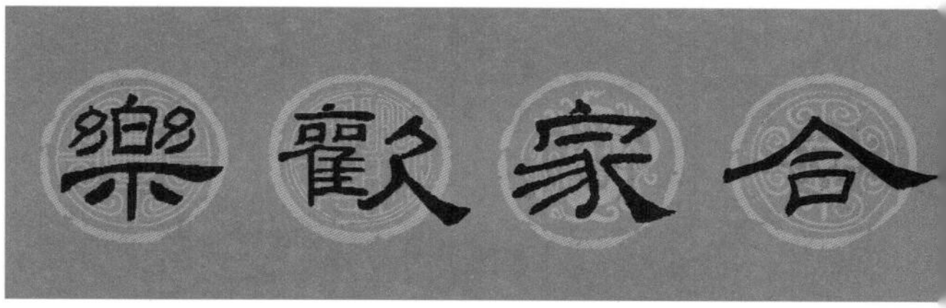

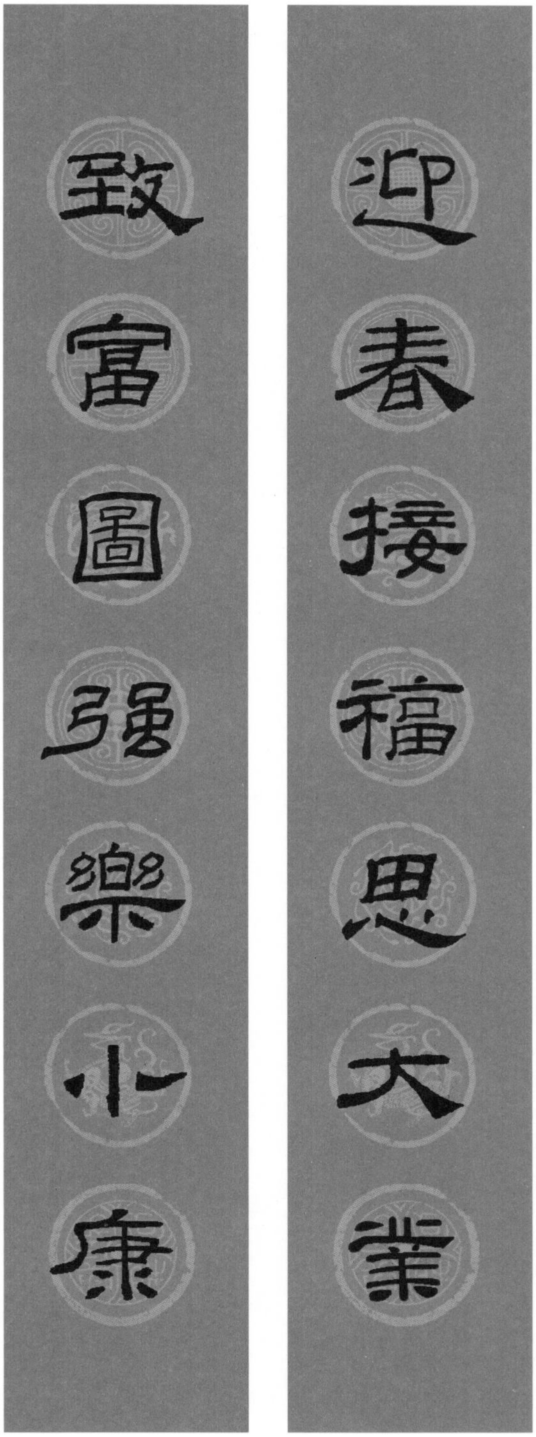

合家欢乐　迎春接福思大业，致富图强乐小康

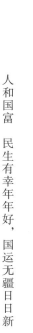

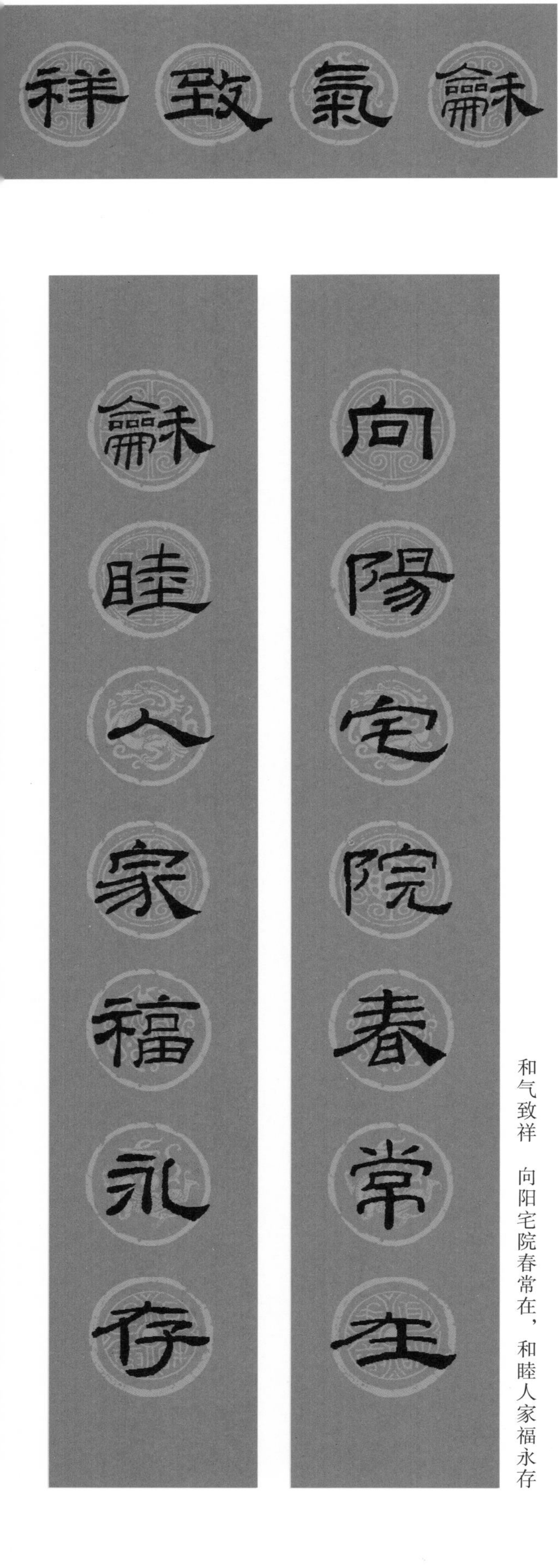

和气致祥　向阳宅院春常在，和睦人家福永存

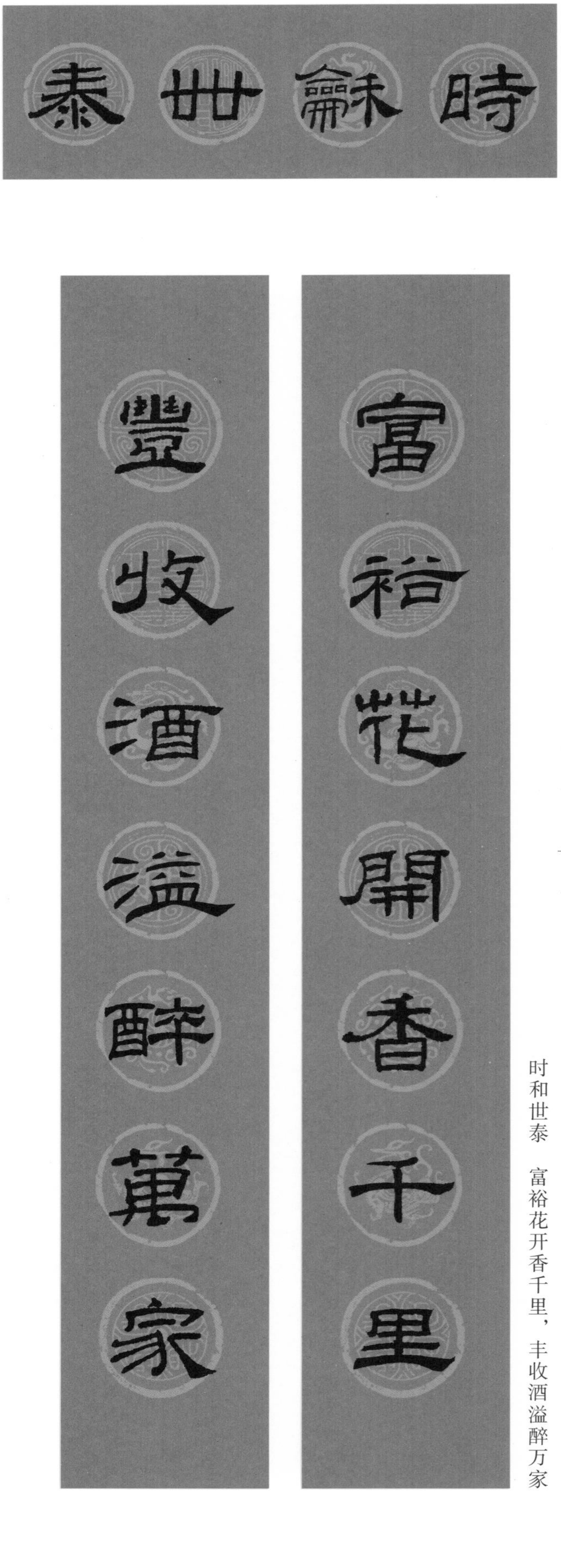

时和世泰　富裕花开香千里，丰收酒溢醉万家

人壽年豐

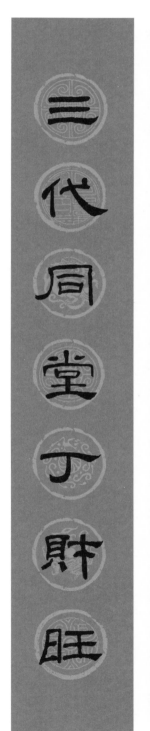

一家安樂福壽齊

三代同堂丁財旺

人寿年丰　一家安乐福寿齐，三代同堂丁财旺

康平盛世

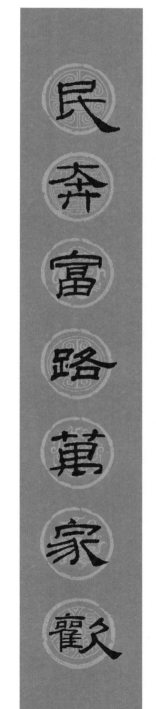

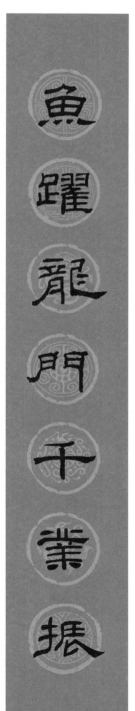

魚躍龍門千業振

民奔富路萬家歡

康平盛世　鱼跃龙门千业振，民奔富路万家欢

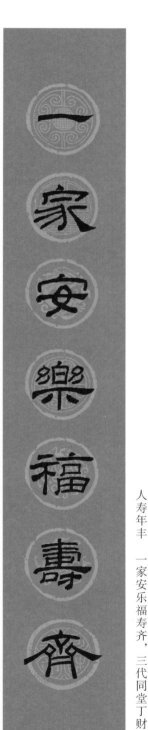

欣逢盛世

民安國泰逢盛世

風調雨順頌華年

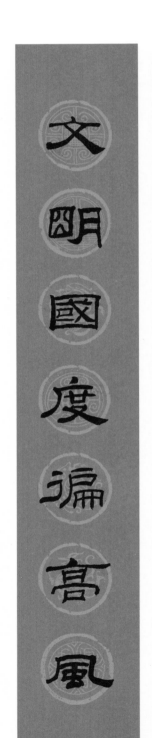

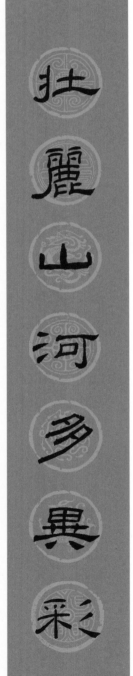

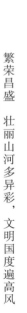

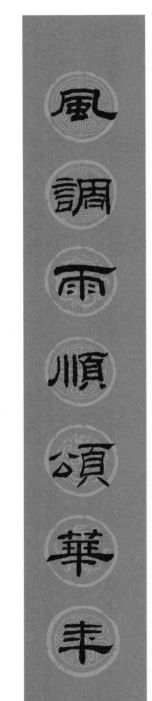

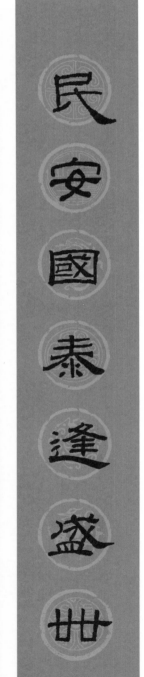

欣逢盛世　民安国泰逢盛世，风调雨顺颂华年

繁榮昌盛

壯麗山河多異彩

文明國度徧高風

繁荣昌盛　壮丽山河多异彩，文明国度遍高风

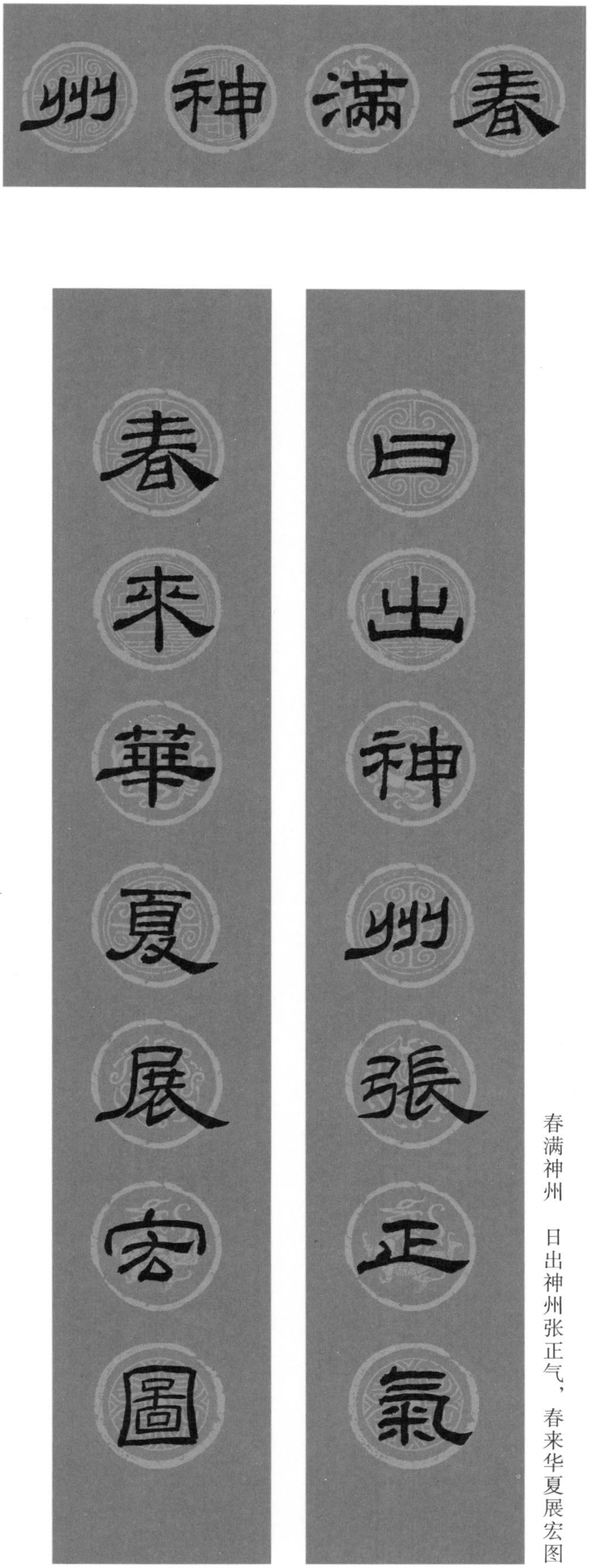

春满神州　日出神州张正气，春来华夏展宏图

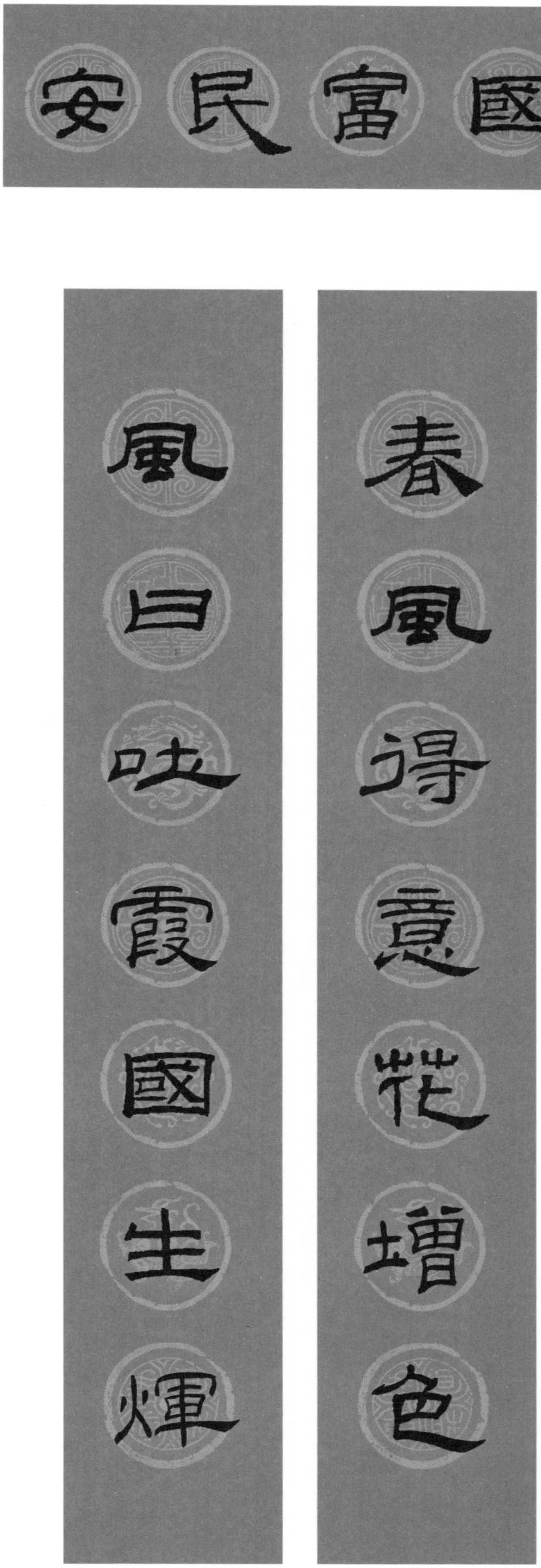

国富民安　春风得意花增色，旭日吐霞国生辉

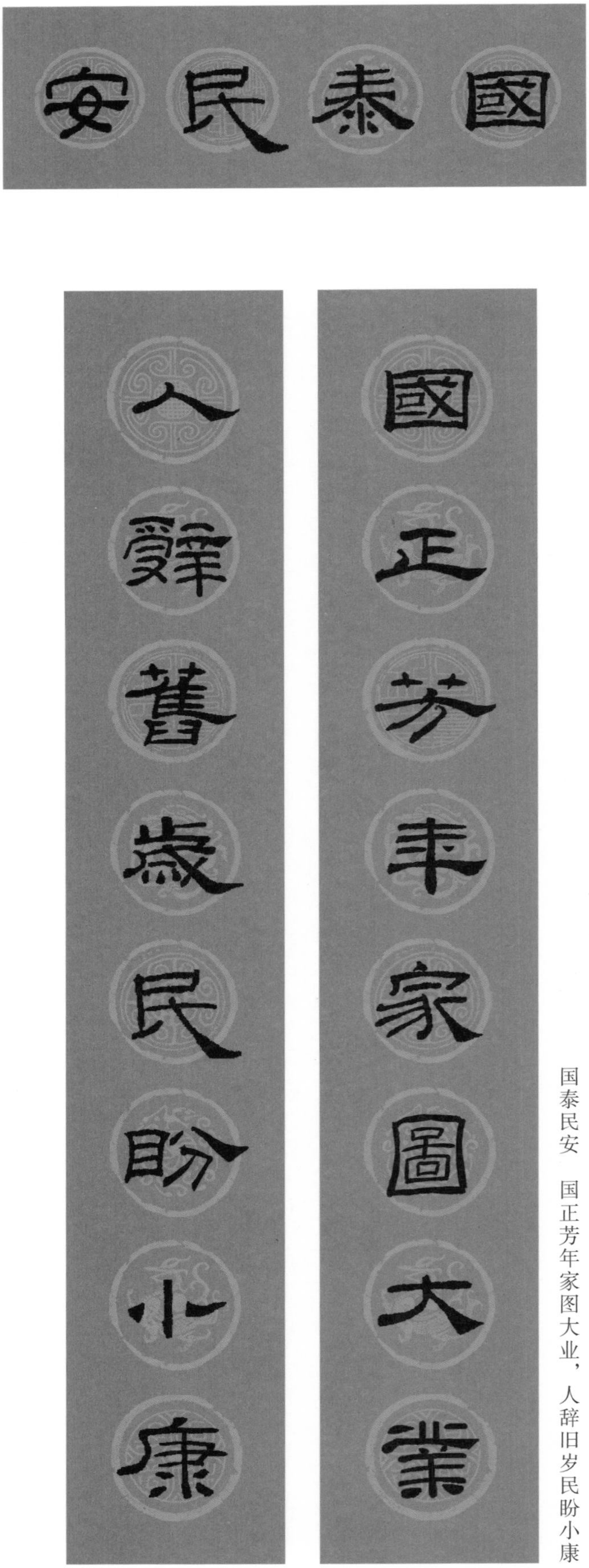
國泰民安
國正芳年家圖大業
人辭舊歲民盼小康

国泰民安　国正芳年家图大业，人辞旧岁民盼小康

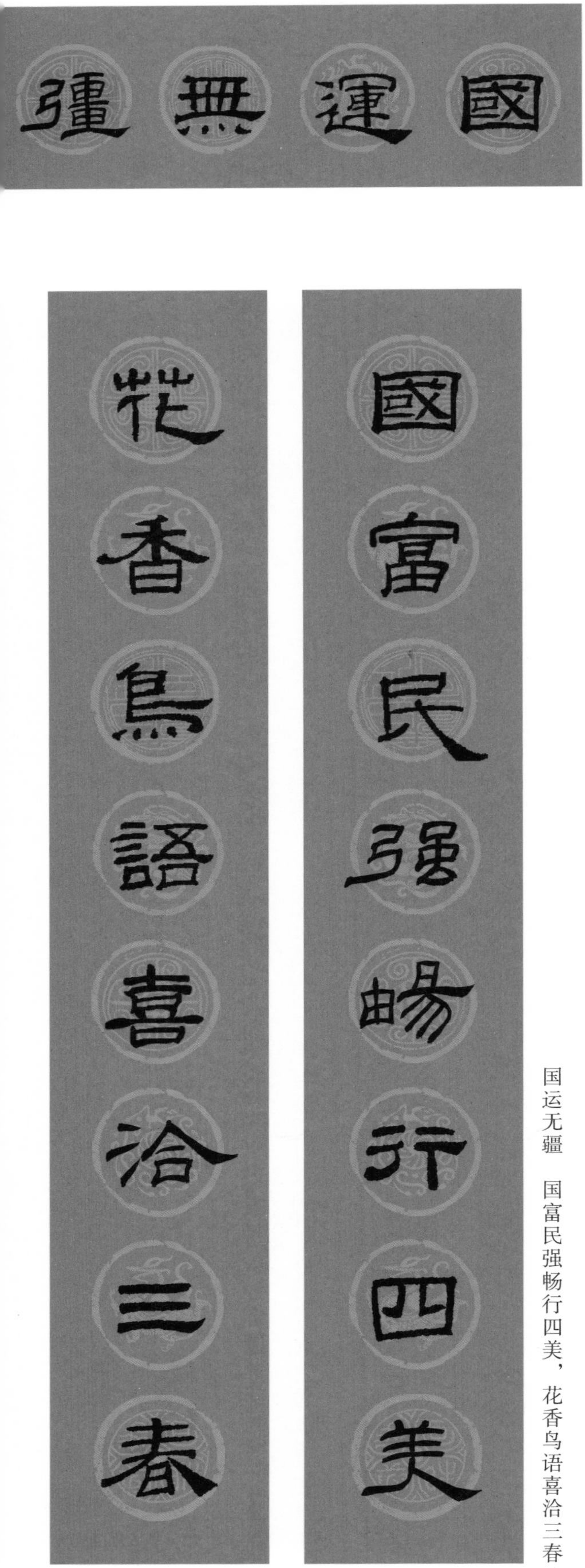
國運無疆
國富民強暢行四美
花香鳥語喜洽三春

国运无疆　国富民强畅行四美，花香鸟语喜洽三春

四、恭喜发财篇

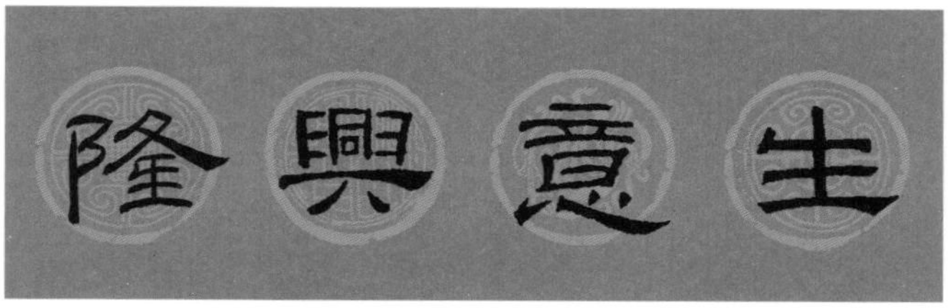

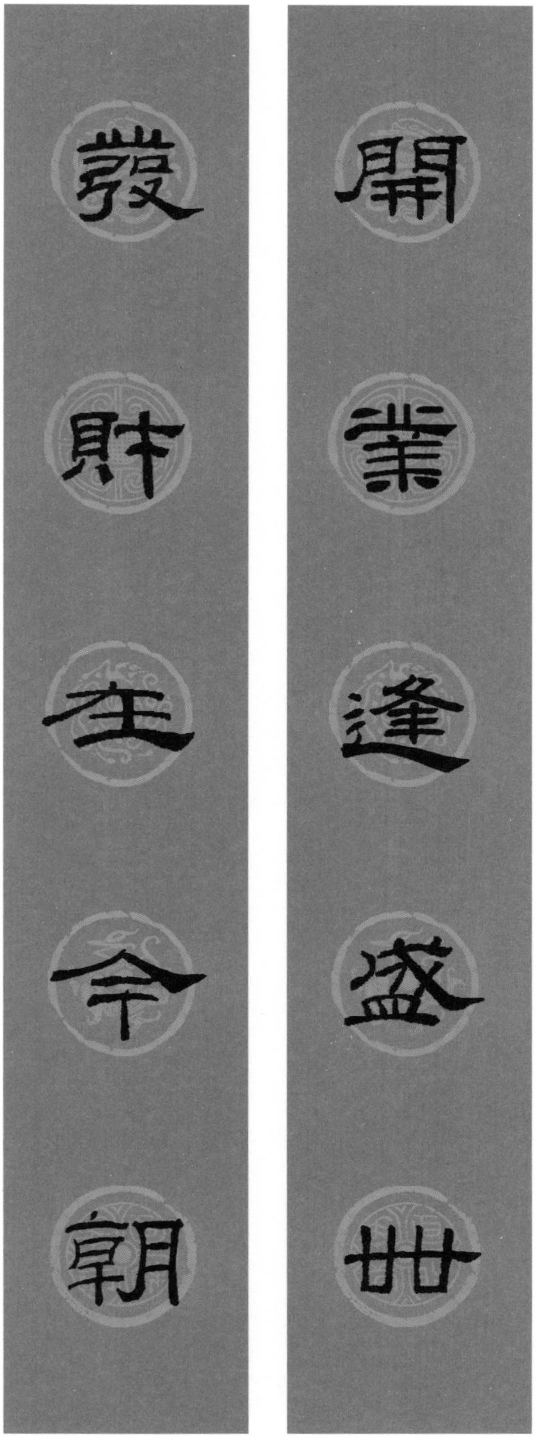

生意兴隆　开业逢盛世，发财在今朝

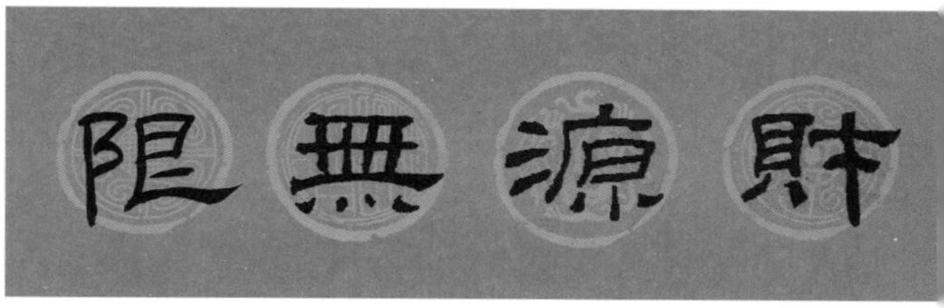

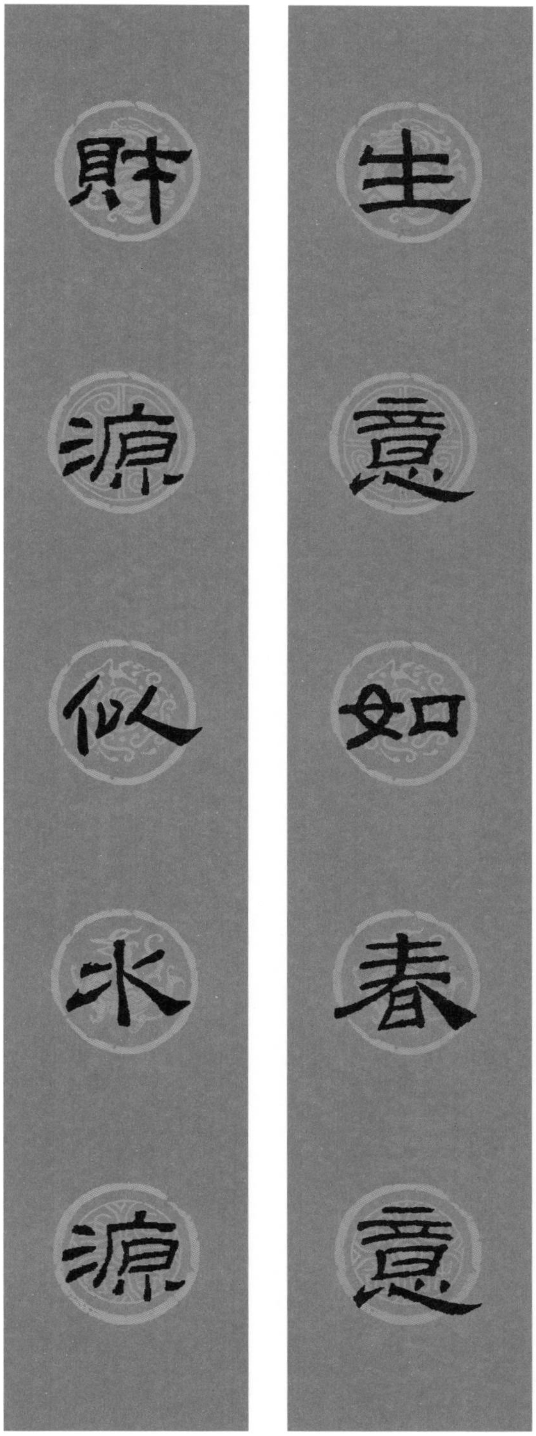

财源无限　生意如春意，财源似水源

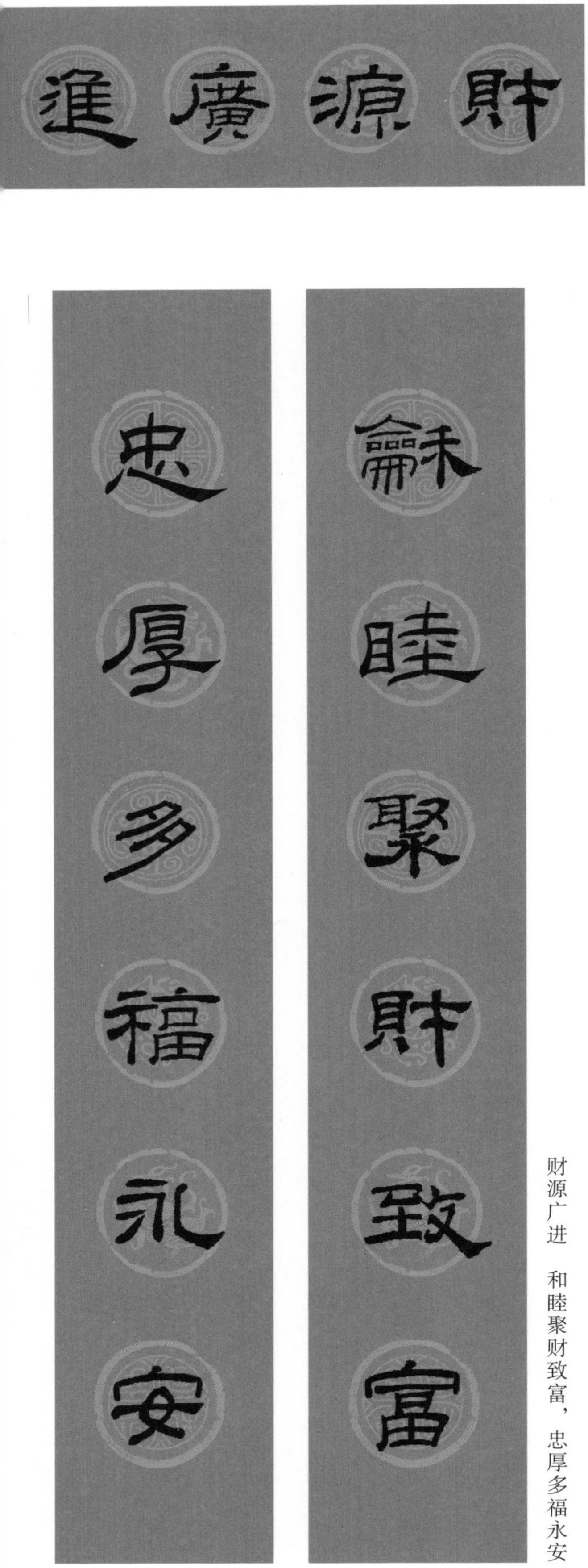

财源广进 和睦聚财致富，忠厚多福永安

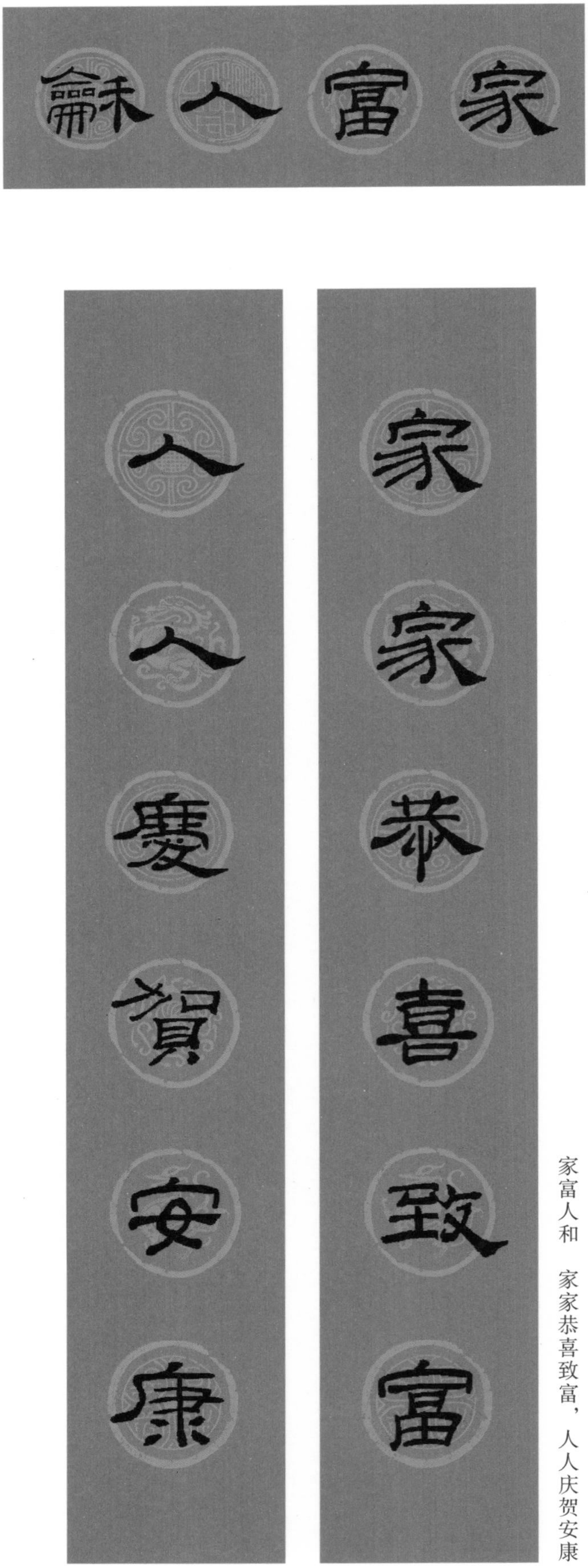

家富人和 家家恭喜致富，人人庆贺安康

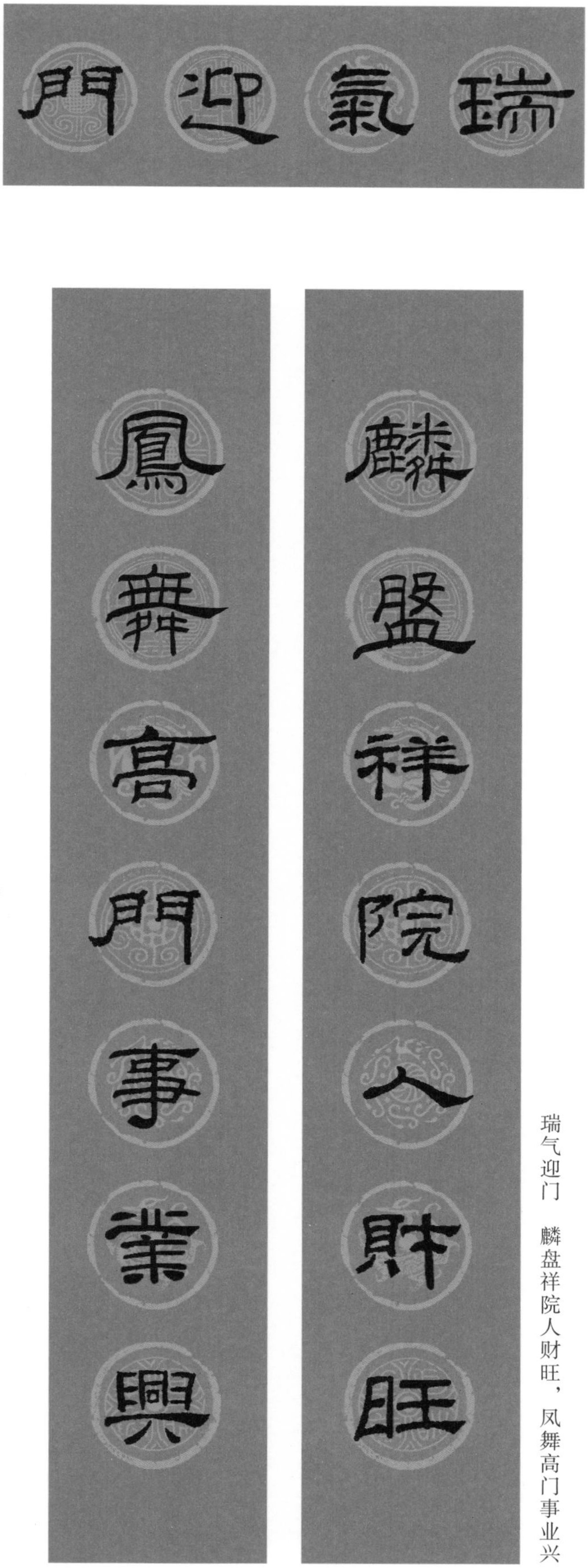

瑞气迎门　麟盘祥院人财旺，凤舞高门事业兴

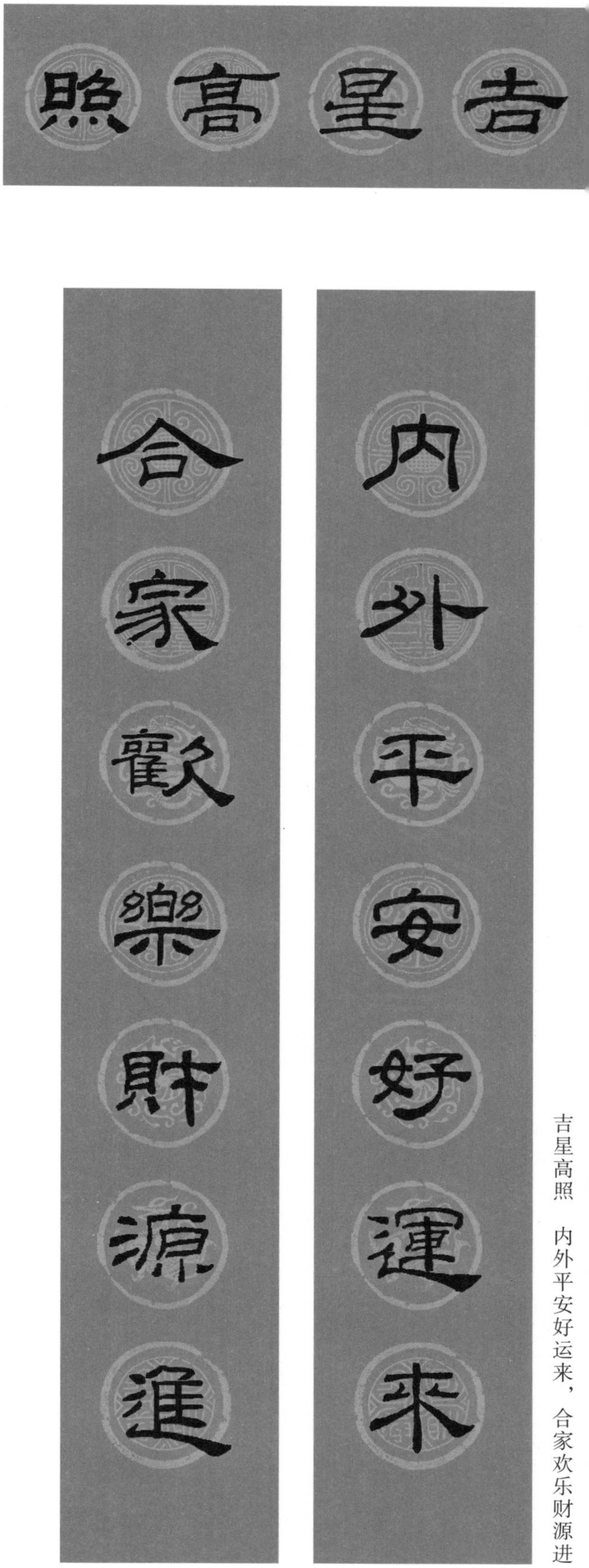

吉星高照　内外平安好运来，合家欢乐财源进

時和歲豐

一年好景隨春到

萬里財源順意來

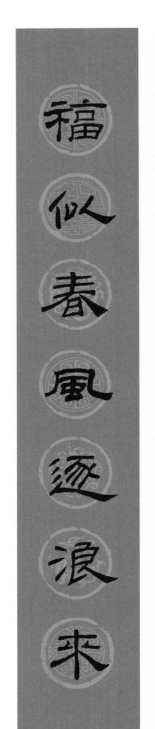

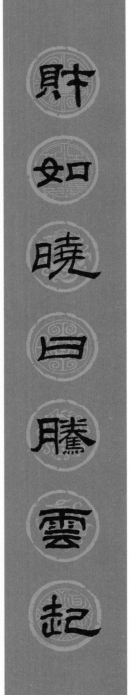

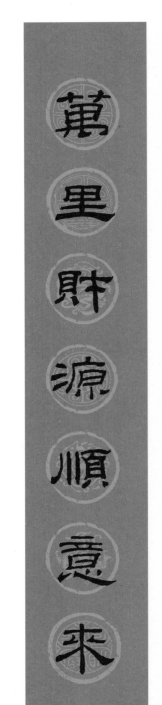

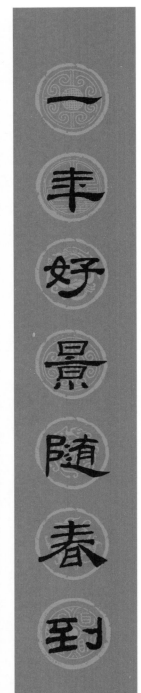

时和岁丰　一年好景随春到，万里财源顺意来

富足安康

財如曉日騰雲起

福似春風逐浪來

富足安康　财如晓日腾云起，福似春风逐浪来

年年有餘

一家龢順財源茂

百業興旺家運昌

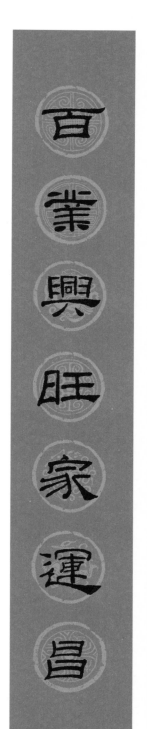

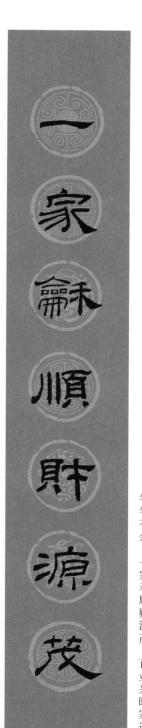

年年有余　一家和顺财源茂，百业兴旺家运昌

福滿人間

春風送暖千叢綠

財如人意四方來

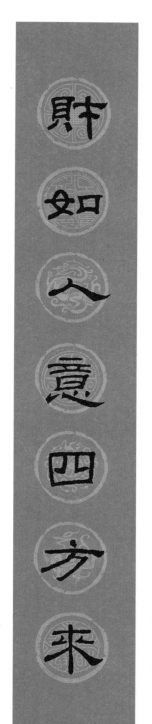

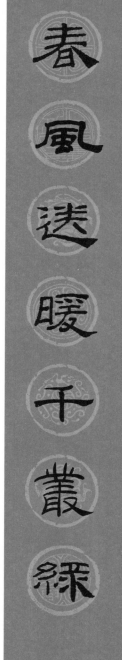

福满人间　春风送暖千丛绿，财如人意四方来

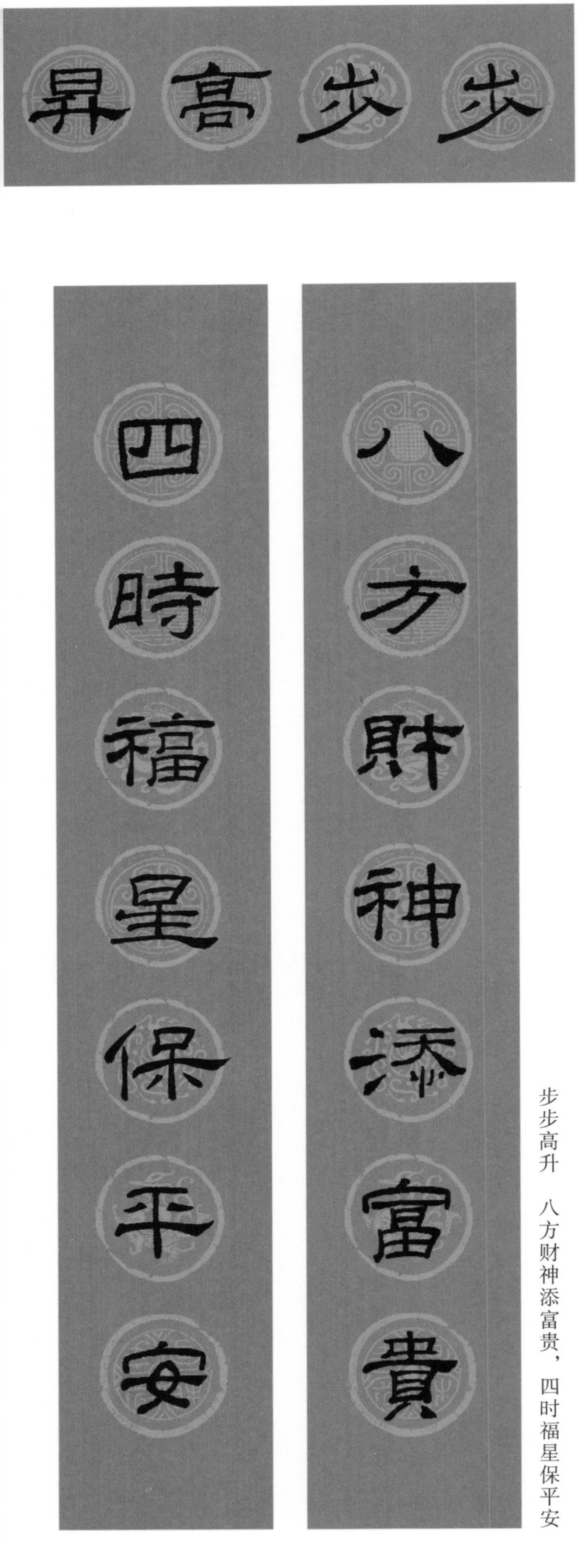
步步高昇
八方財神添富貴
四時福星保平安

步步高升　八方财神添富贵，四时福星保平安

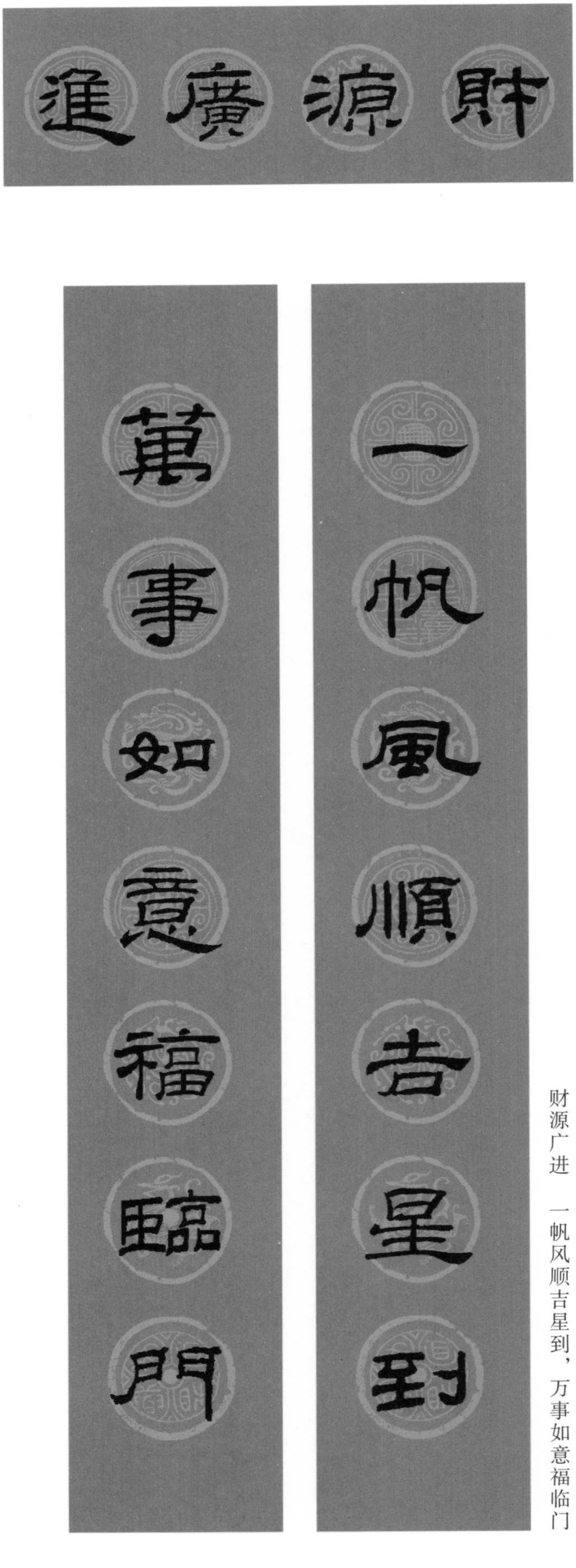
財源廣進
一帆風順吉星到
萬事如意福臨門

财源广进　一帆风顺吉星到，万事如意福临门

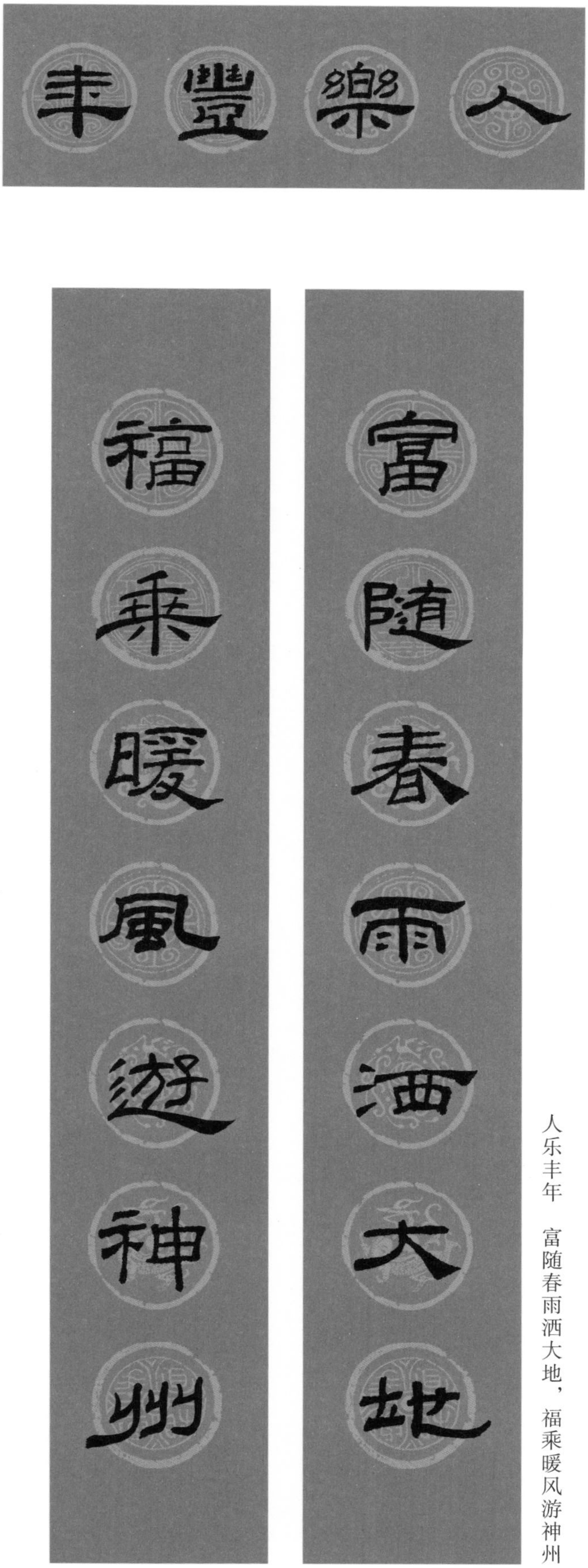

人乐丰年　富随春雨洒大地，福乘暖风游神州

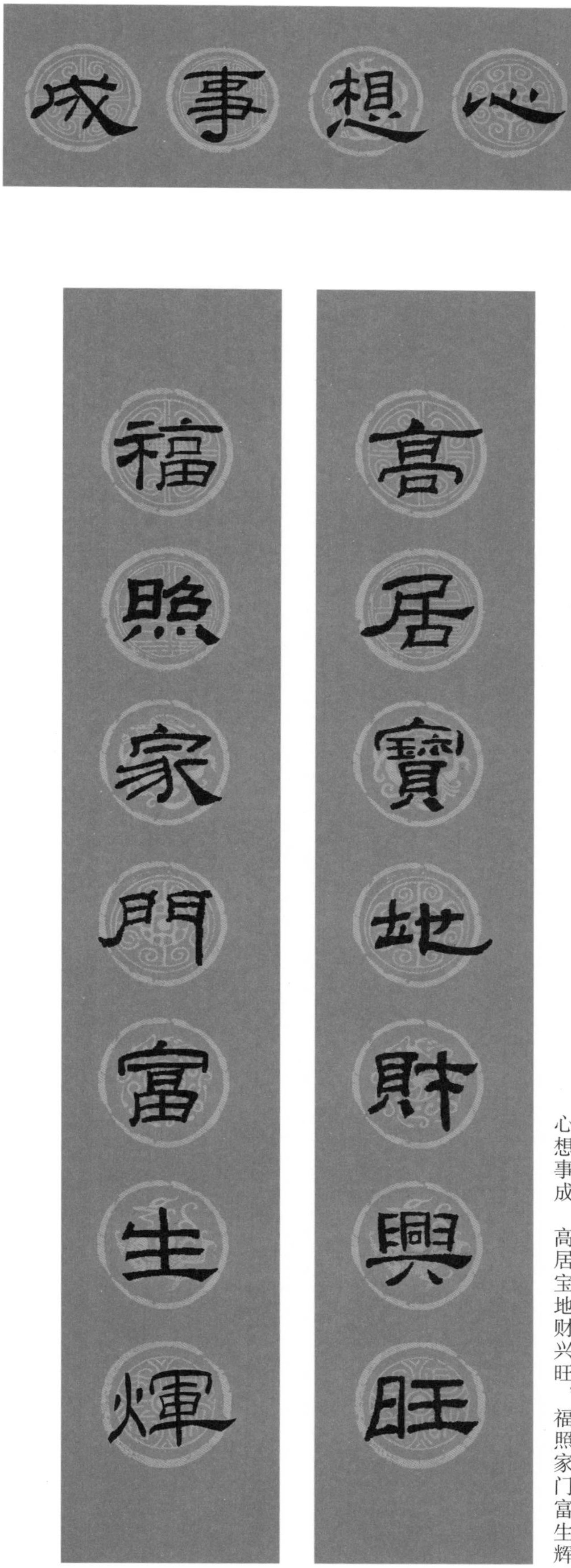

心想事成　高居宝地财兴旺，福照家门富生辉

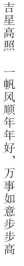

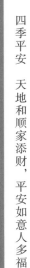

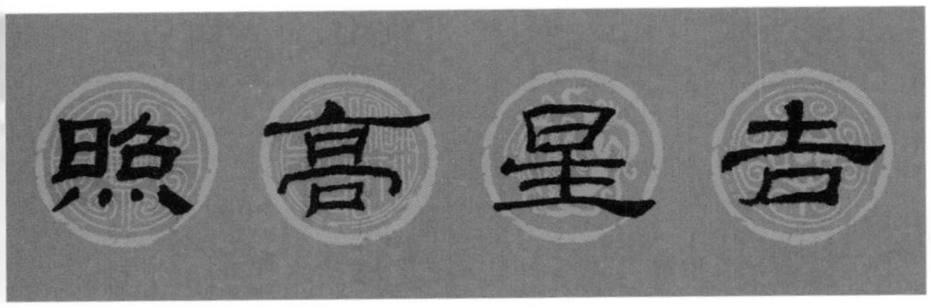

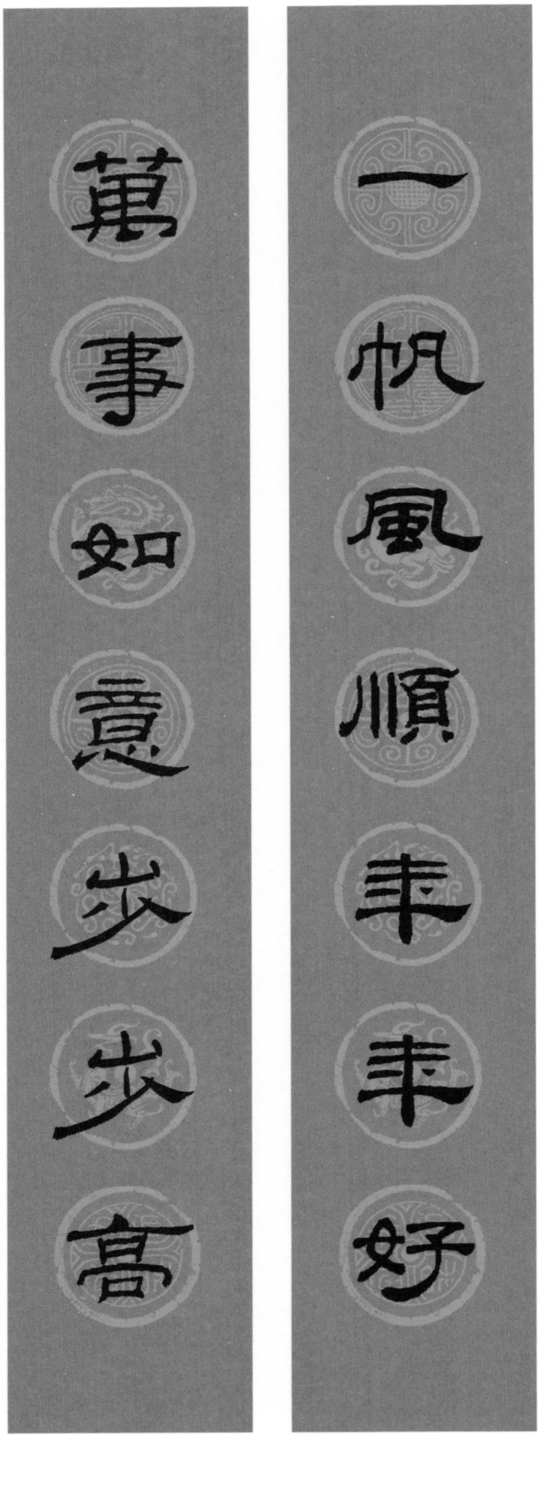

吉星高照　一帆风顺年年好，万事如意步步高

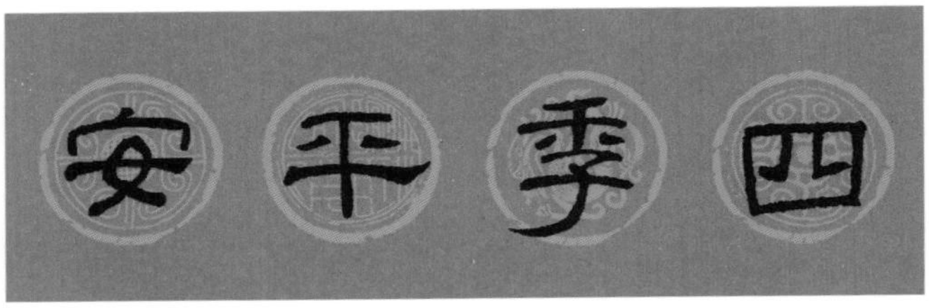

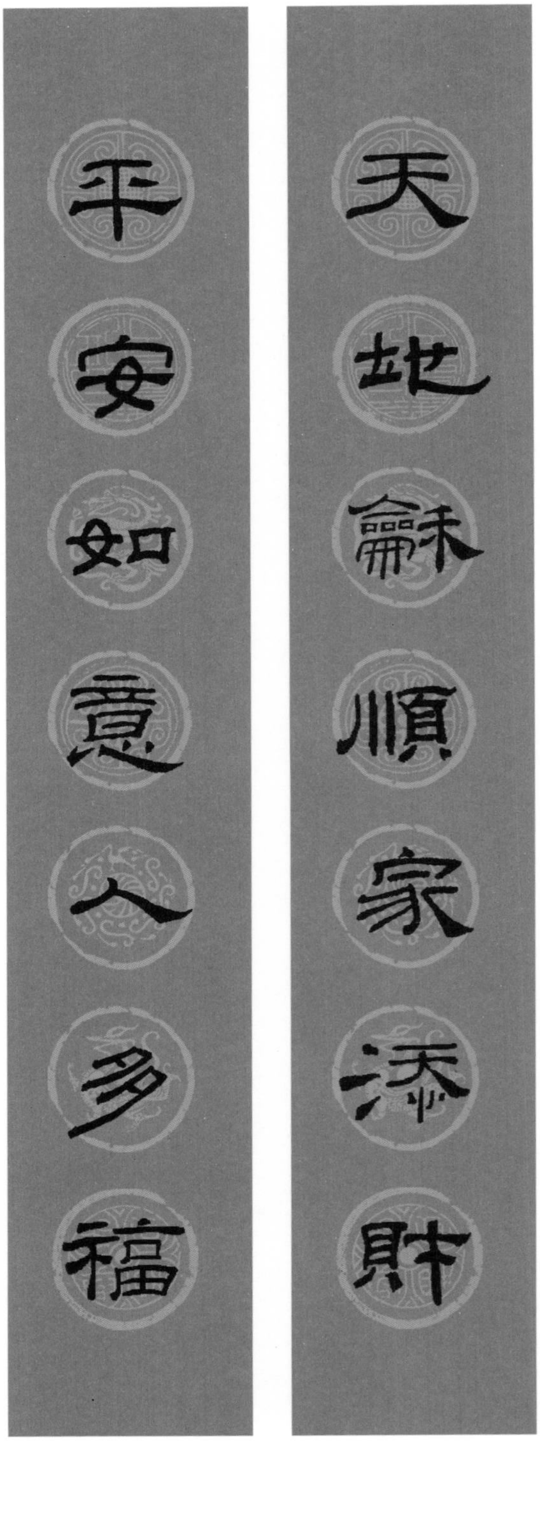

四季平安　天地和顺家添财，平安如意人多福

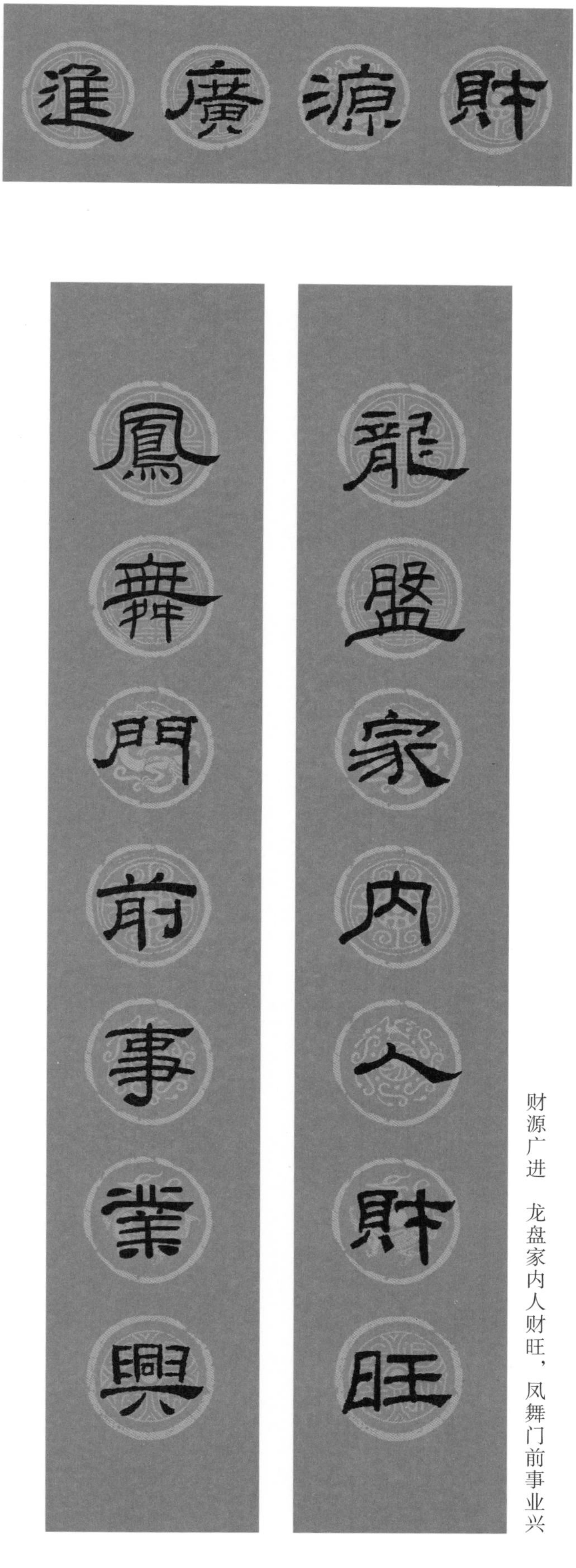
財源廣進
龍盤家內人財旺
鳳舞門前事業興

财源广进　龙盘家内人财旺，凤舞门前事业兴

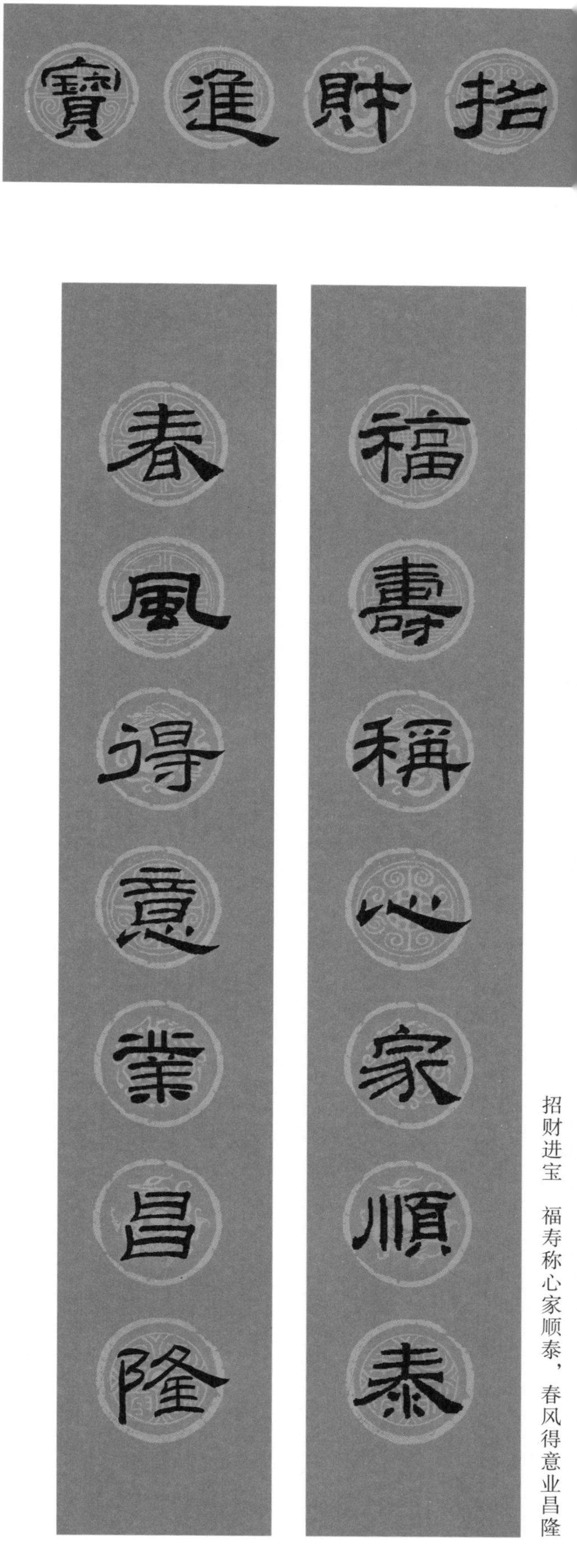
招財進寶
福壽稱心家順泰
春風得意業昌隆

招财进宝　福寿称心家顺泰，春风得意业昌隆

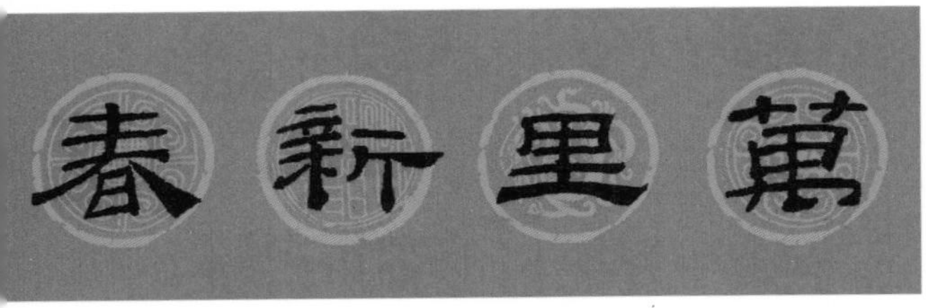

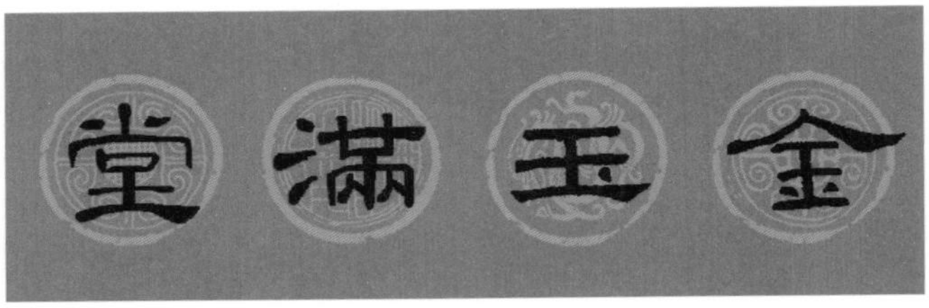

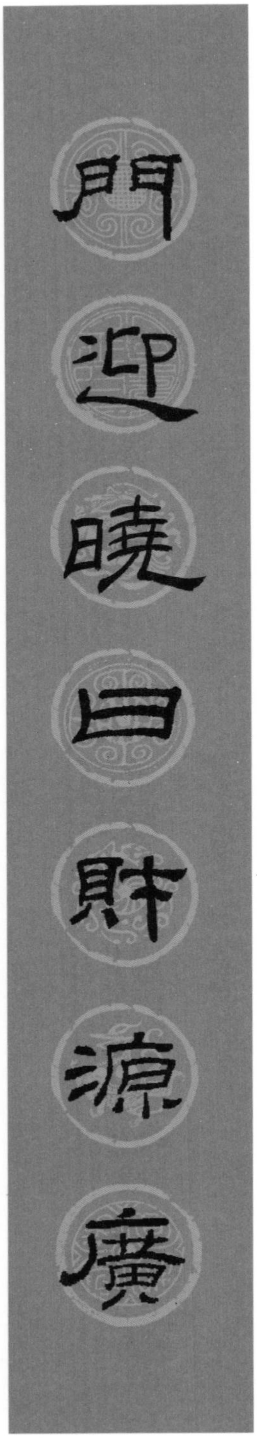

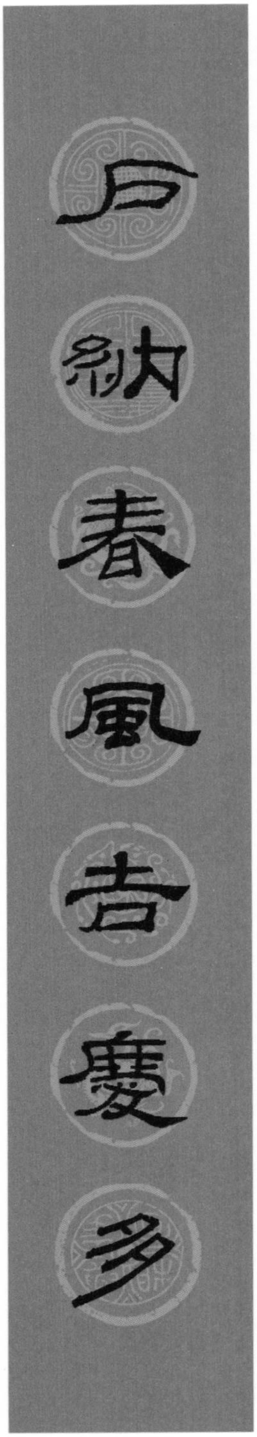

万里新春　门迎晓日财源广，户纳春风吉庆多

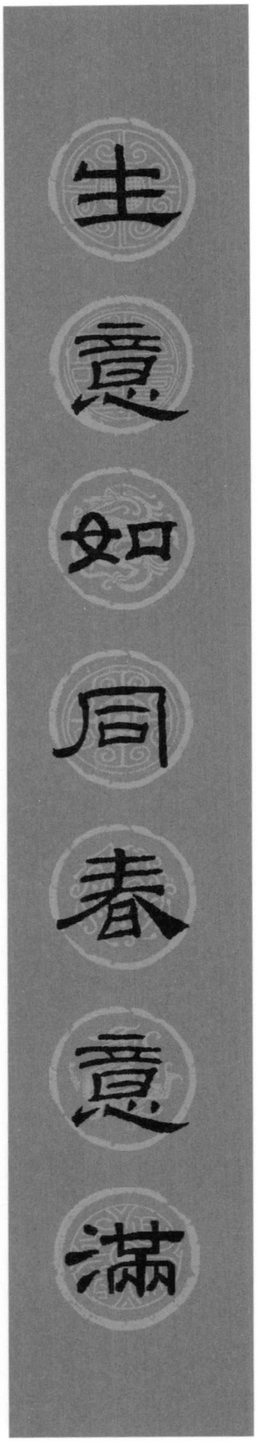

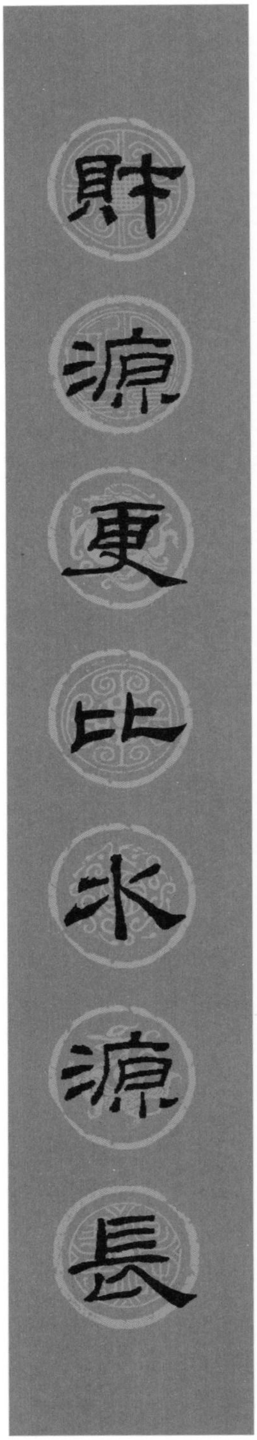

金玉满堂　生意如同春意满，财源更比水源长

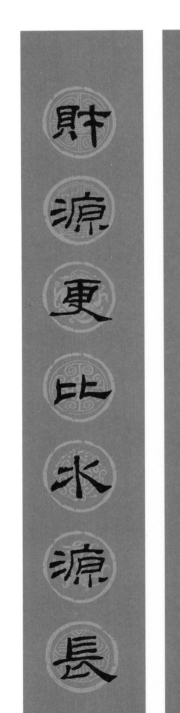

五、诗意雅趣篇

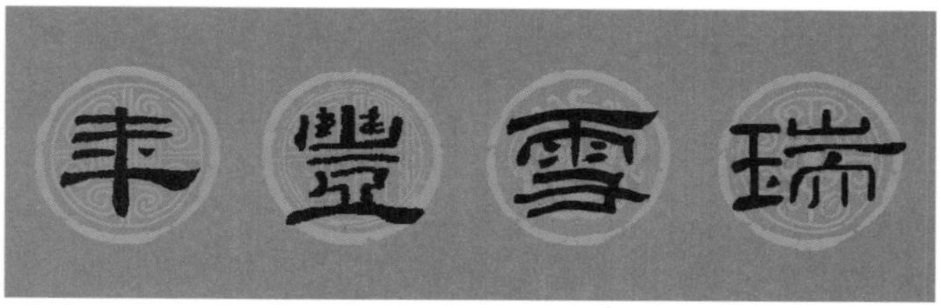

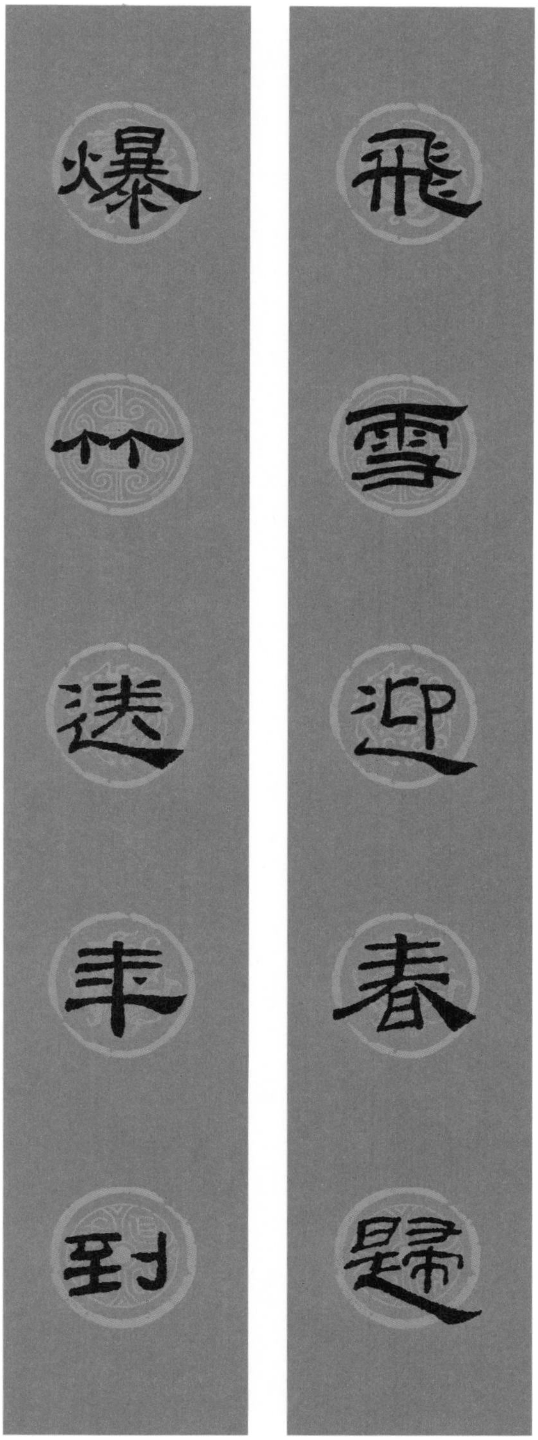

瑞雪丰年　飞雪迎春归，爆竹送年到

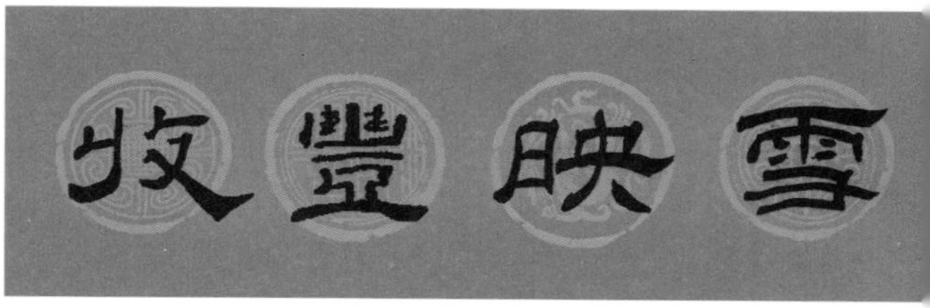

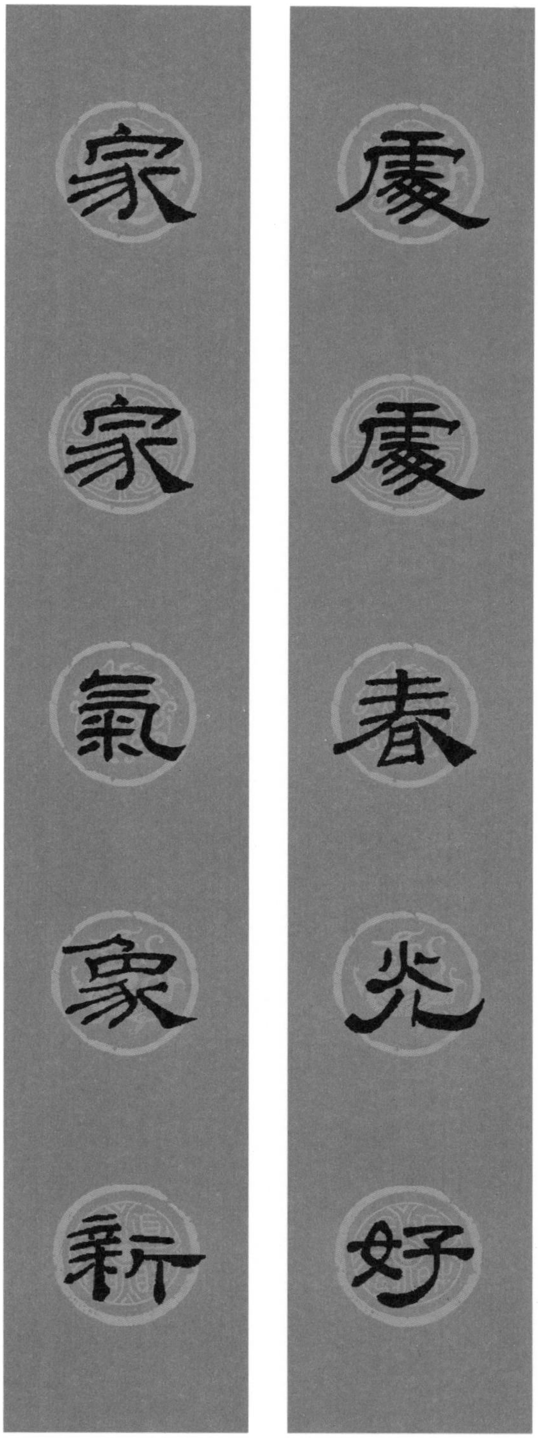

雪映丰收　处处春光好，家家气象新

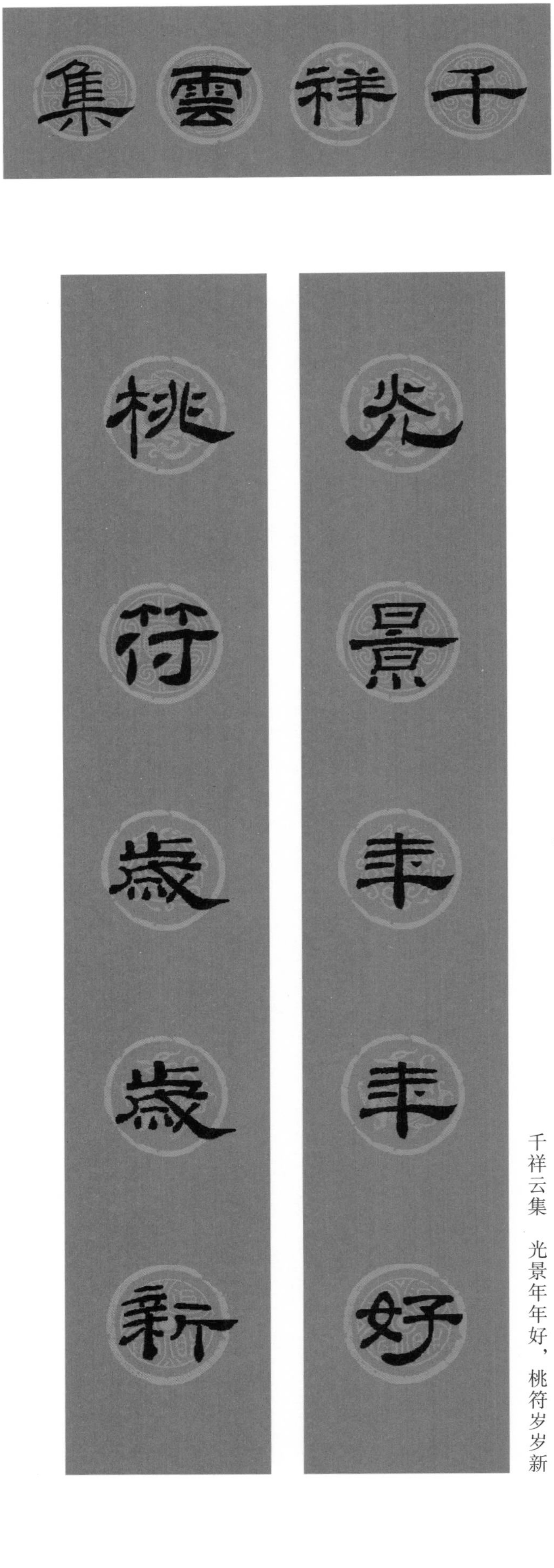

千祥云集 光景年年好，桃符岁岁新

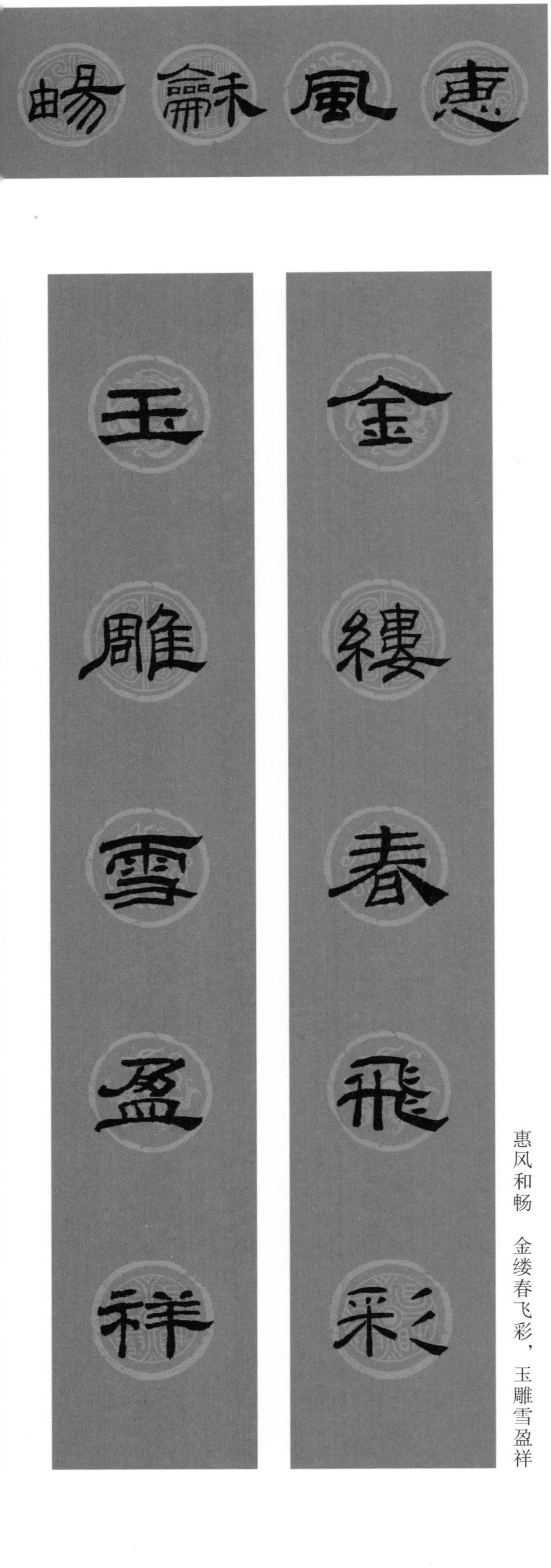

惠风和畅 金缕春飞彩，玉雕雪盈祥

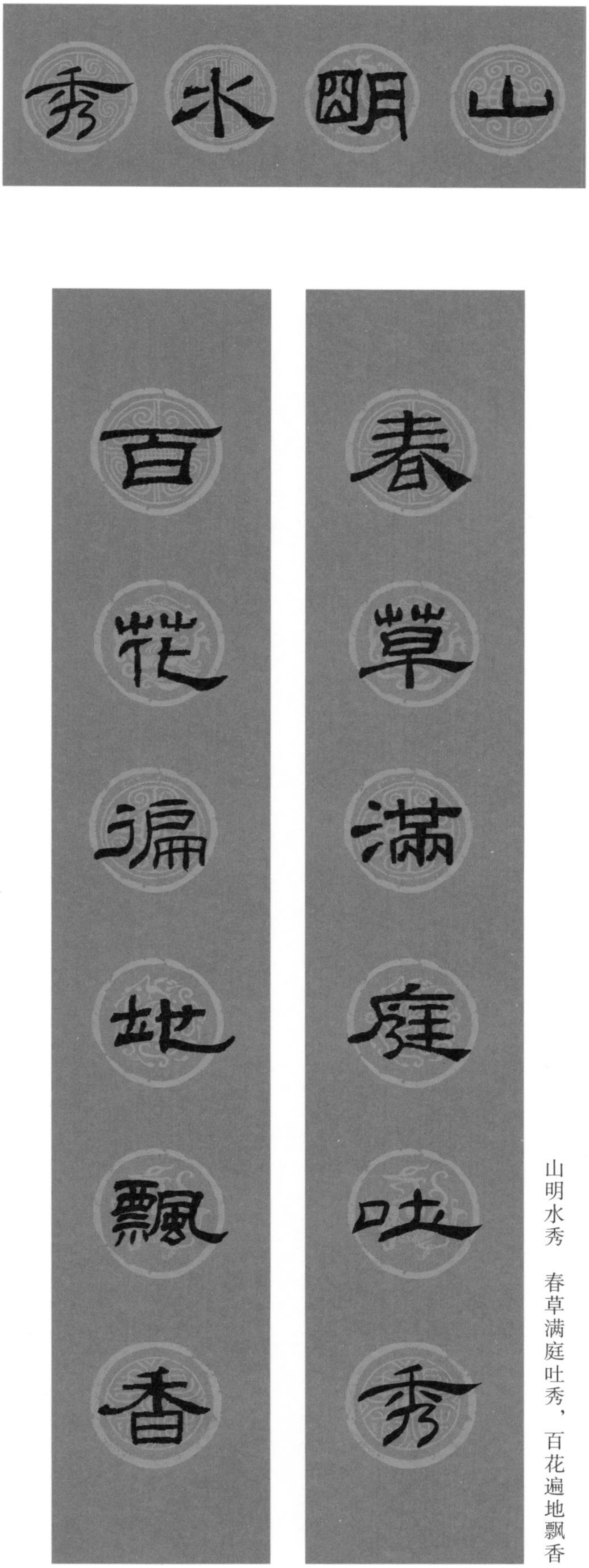

山明水秀　春草满庭吐秀，百花遍地飘香

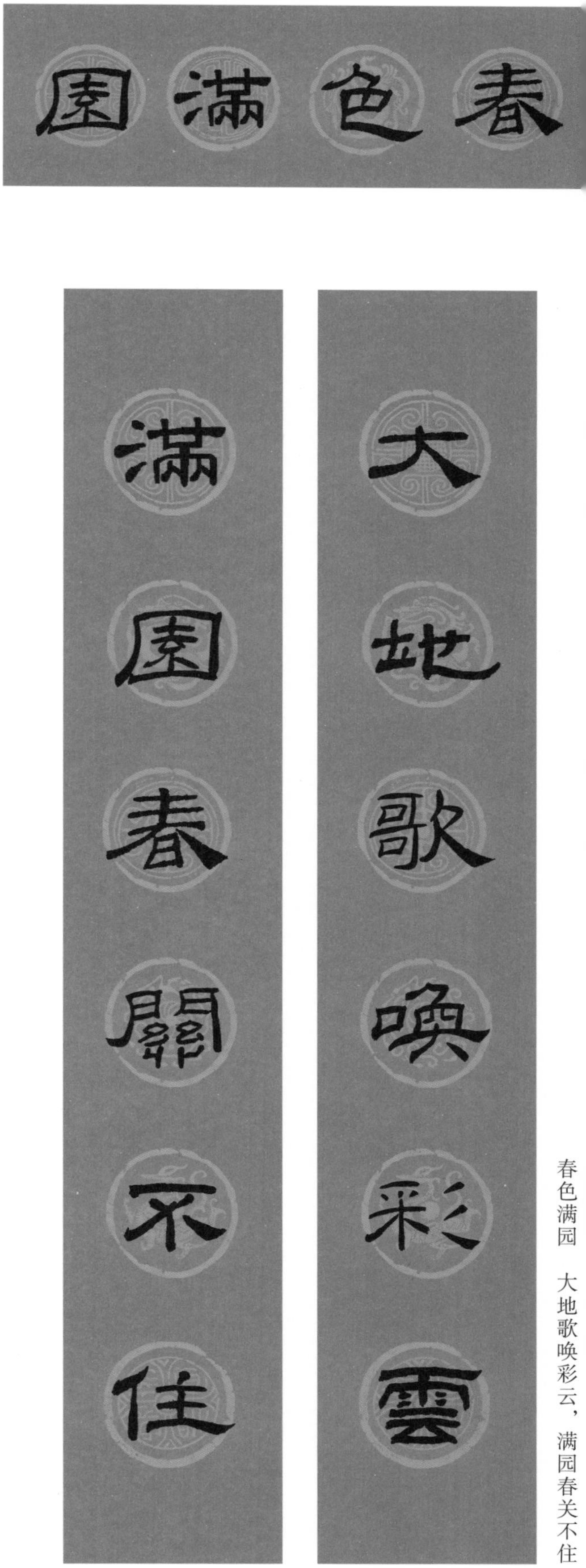

春色满园　大地歌唤彩云，满园春关不住

學海無涯

高山自有人行路

水深不乏破浪舟

鳥語花香

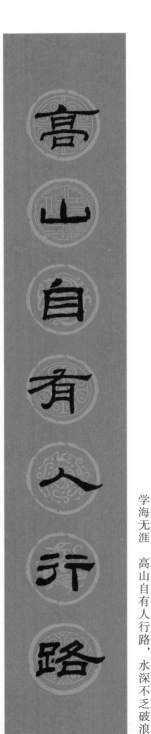

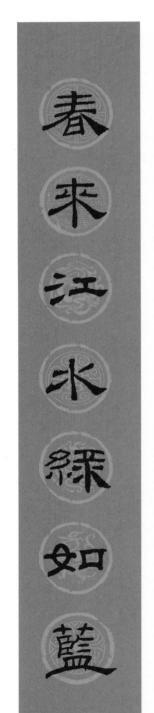

日出江花紅勝火

春來江水綠如藍

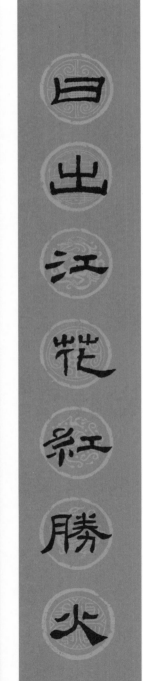

学海无涯　高山自有人行路，水深不乏破浪舟

鸟语花香　日出江花红胜火，春来江水绿如蓝

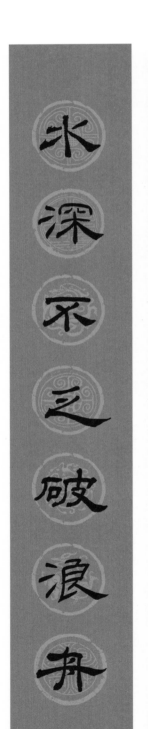

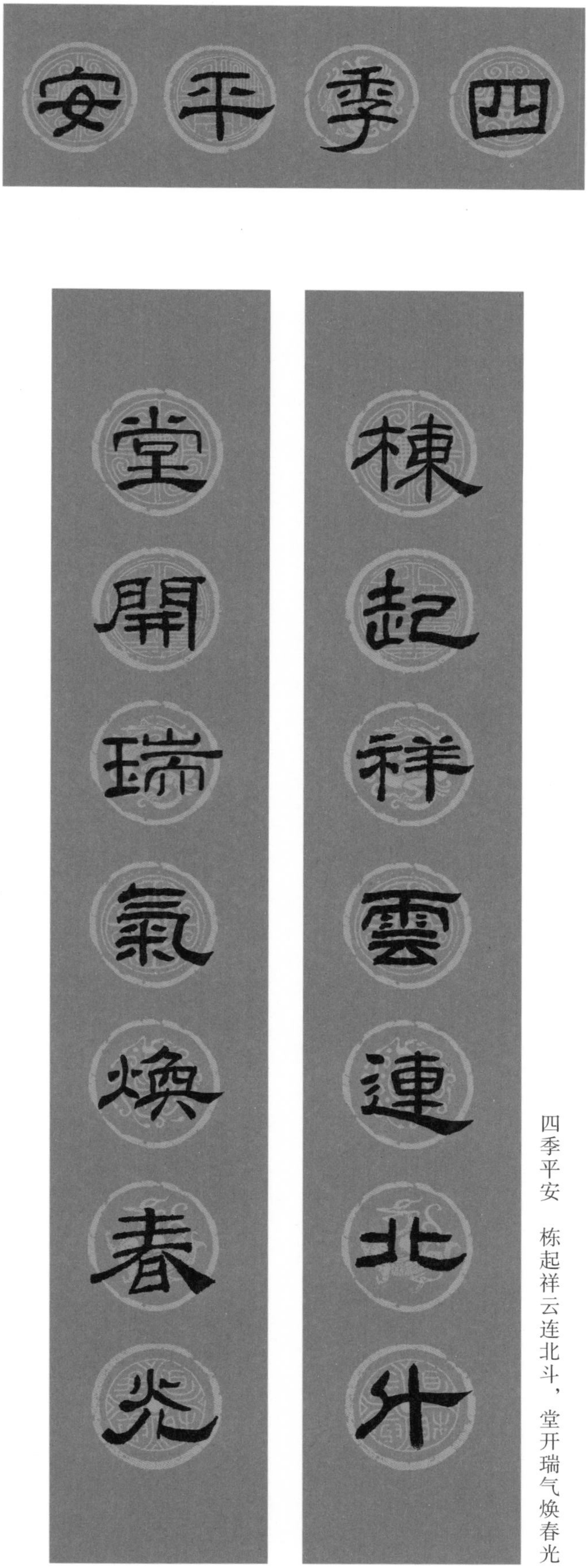

四季平安　栋起祥云连北斗，堂开瑞气焕春光

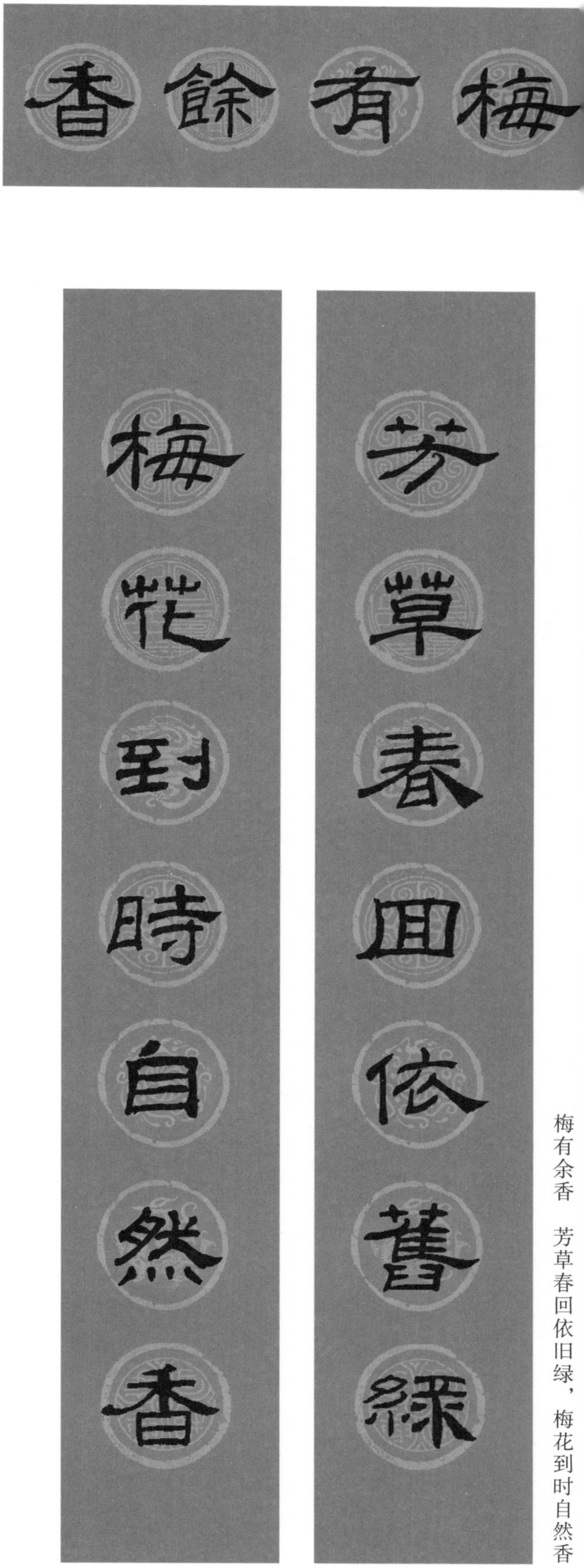

梅有余香　芳草春回依旧绿，梅花到时自然香

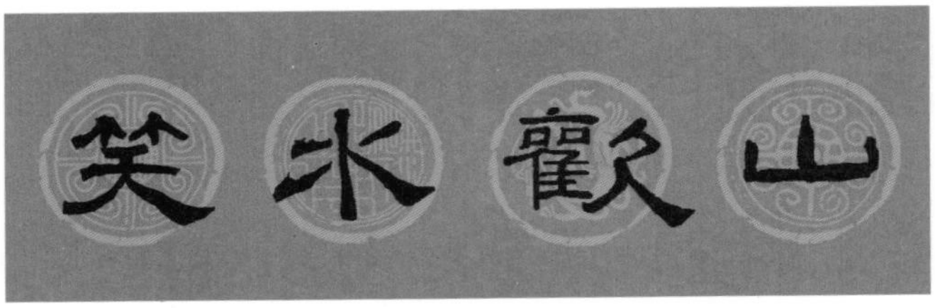

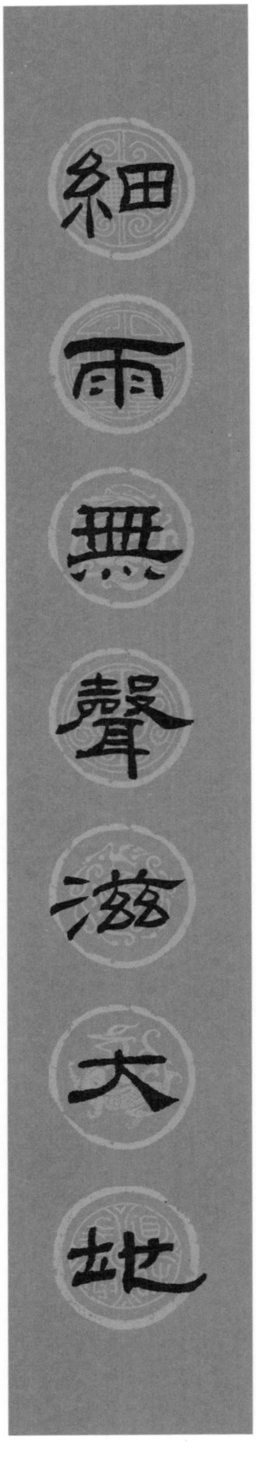

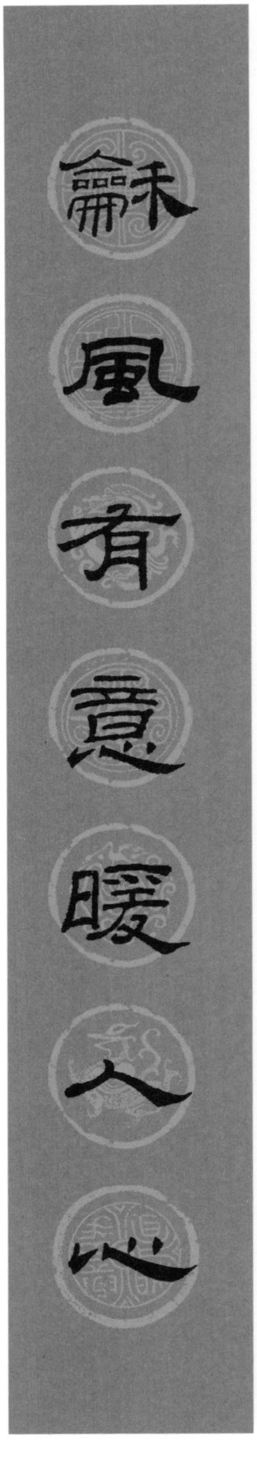

山欢水笑　细雨无声滋大地，和风有意暖人心

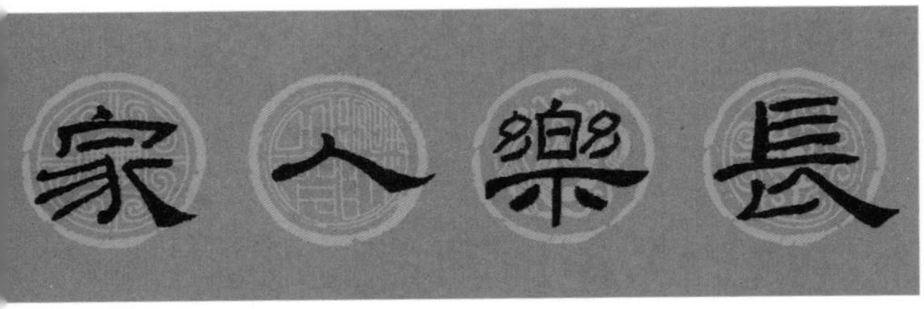

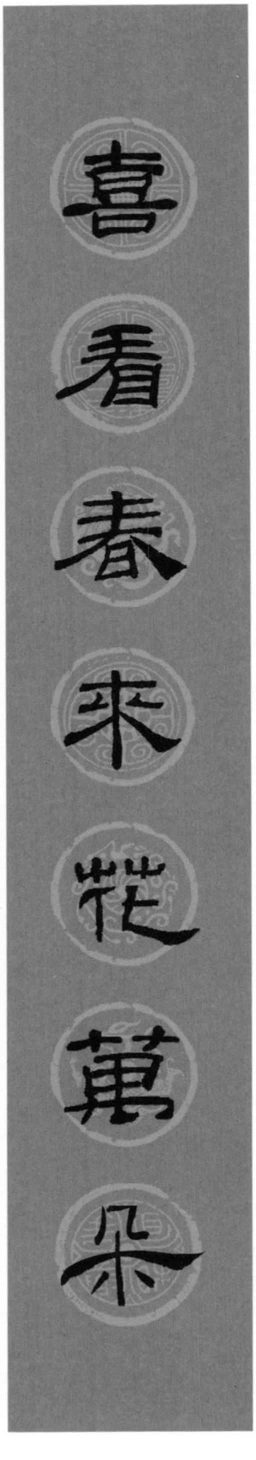

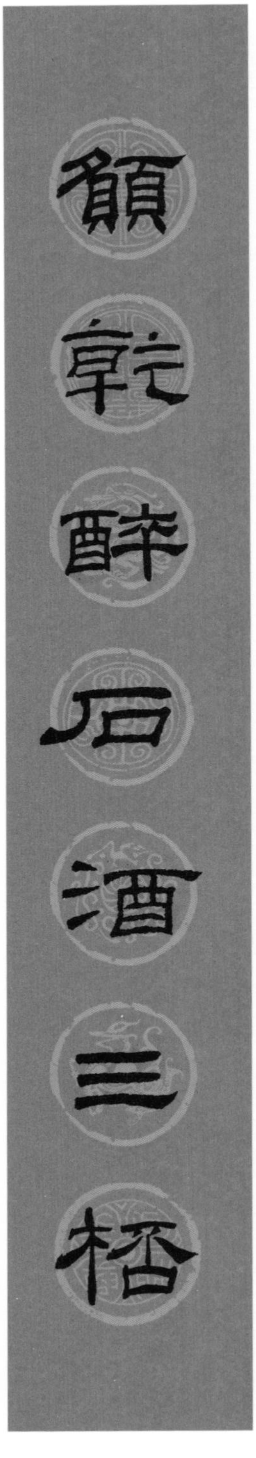

长乐人家　喜看春来花万朵，愿干醉后酒三杯

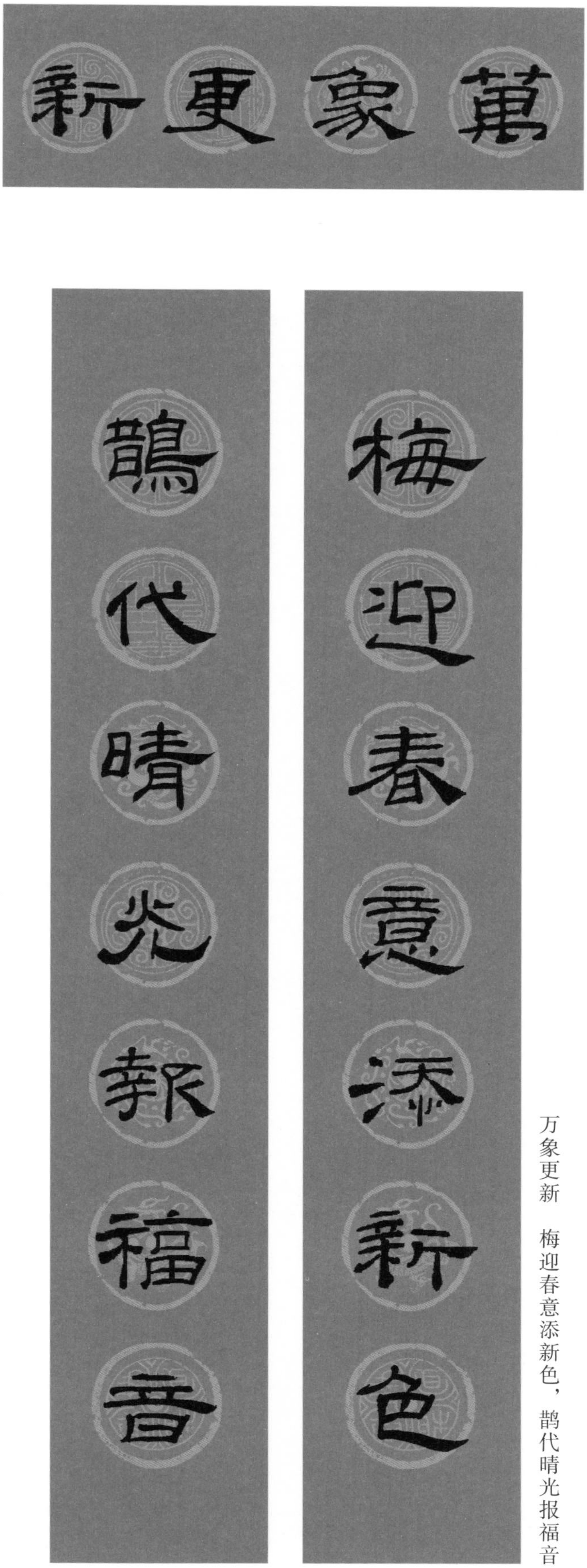

万象更新　梅迎春意添新色，鹊代晴光报福音

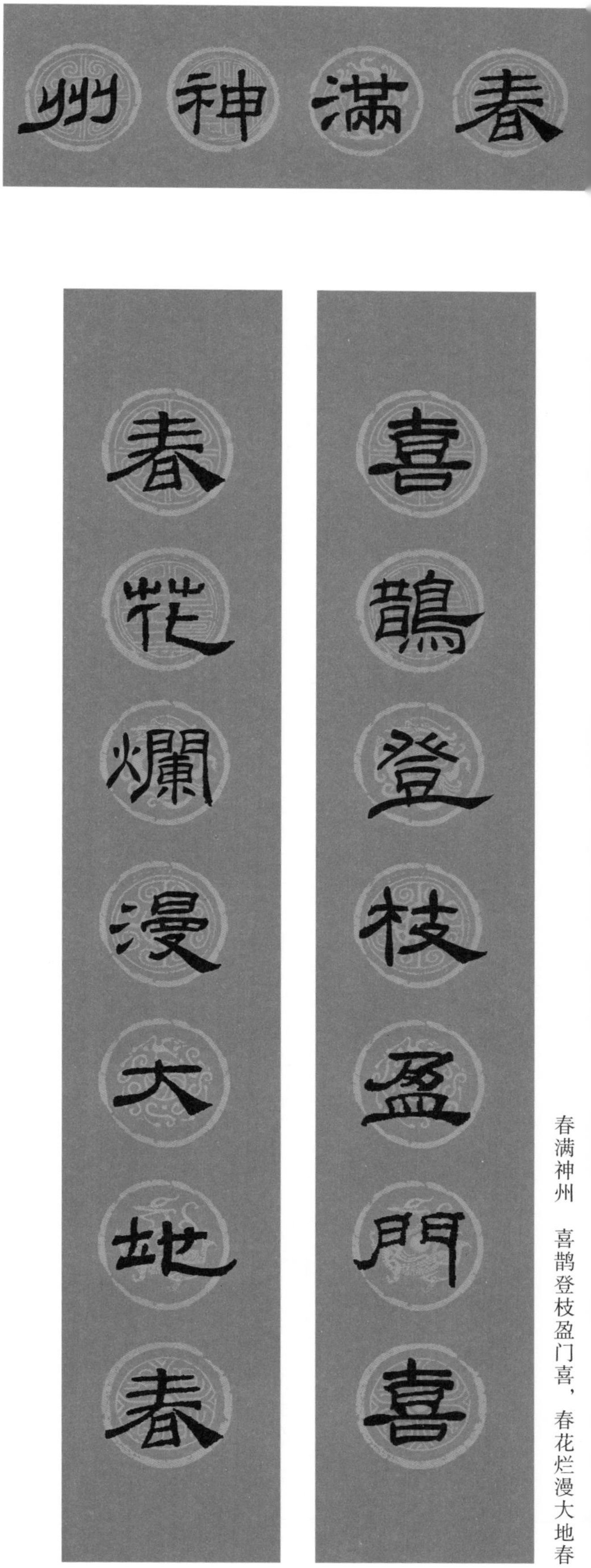

春满神州　喜鹊登枝盈门喜，春花烂漫大地春

春光無限

喜氣生輝

春宅垂柳春永駐

福地過霞福長留

花迎喜氣皆為笑

鳥識歡聲亦解歌

春光无限　春宅垂柳春永驻，福地过霞福长留

喜气生辉　花迎喜气皆为笑，鸟识欢声亦解歌

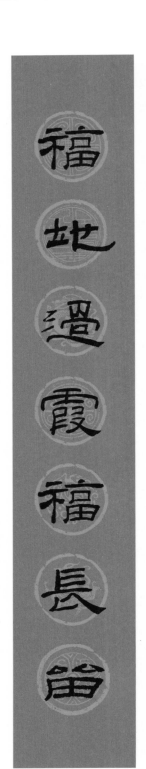

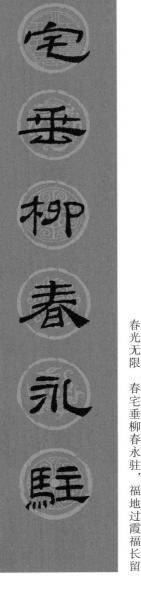

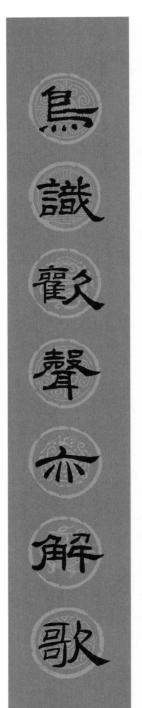

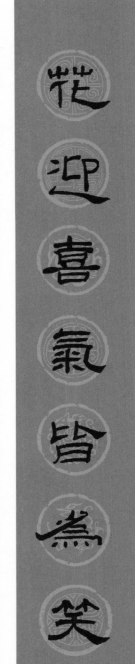

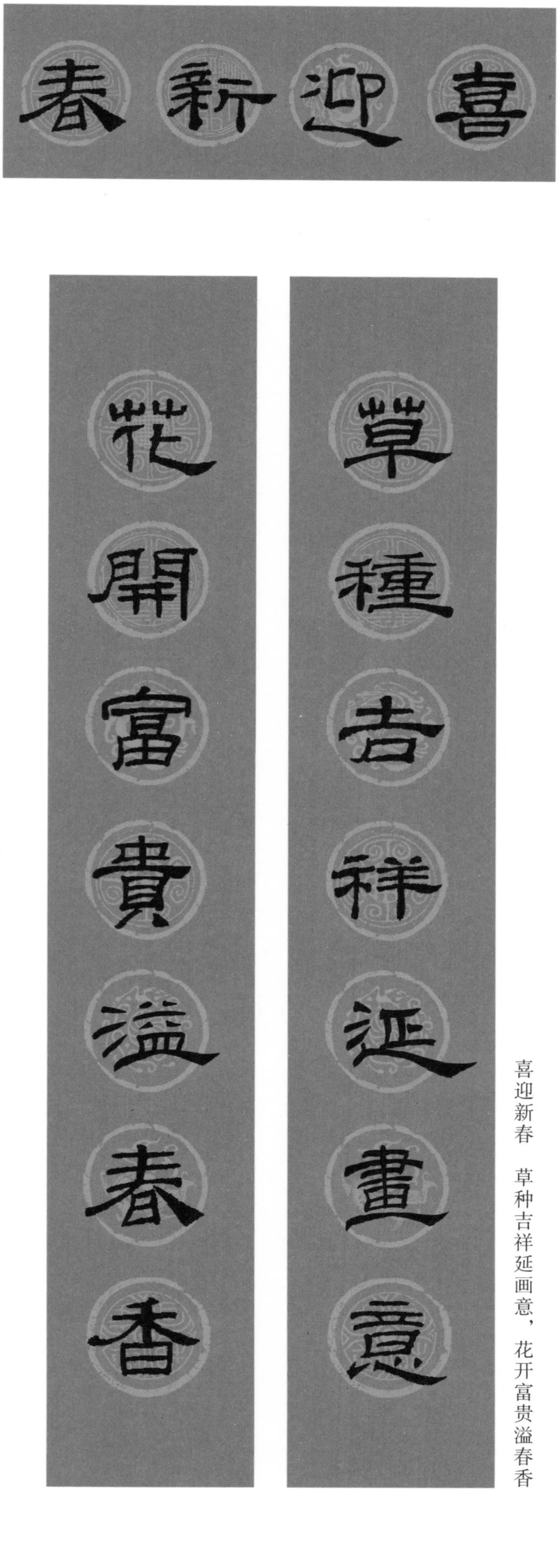

喜迎新春　草种吉祥延画意，花开富贵溢春香

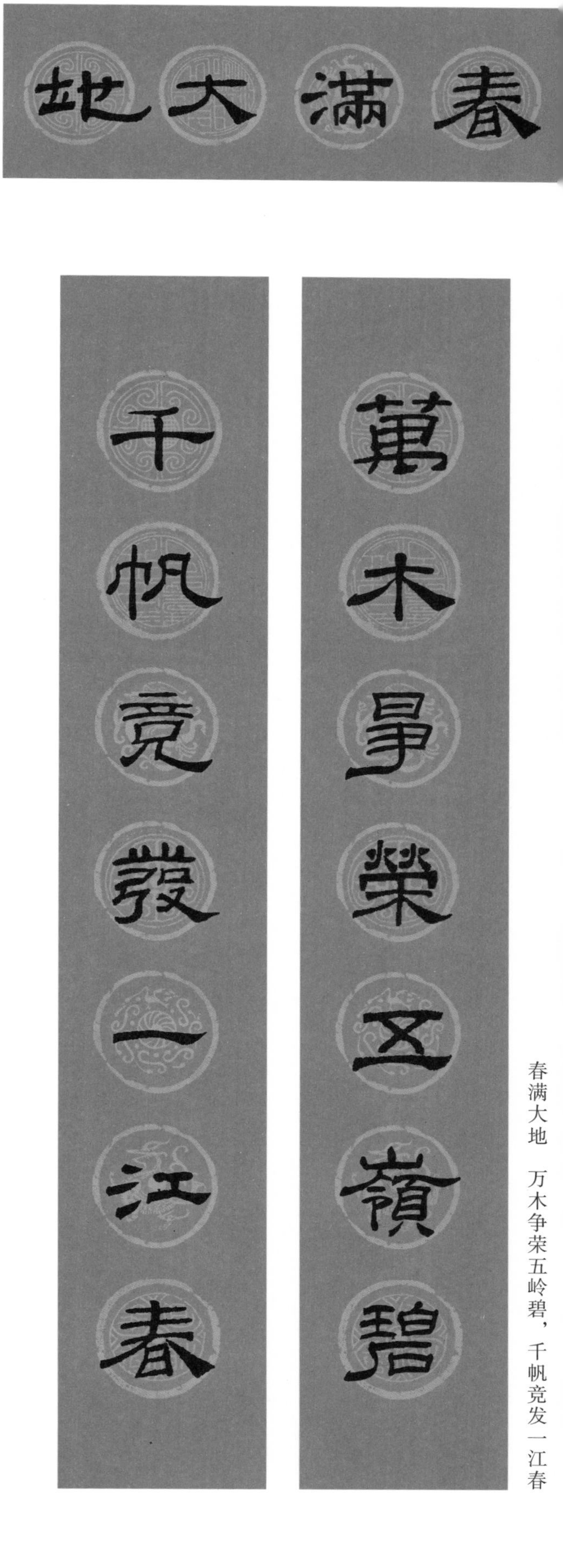

春满大地　万木争荣五岭碧，千帆竞发一江春

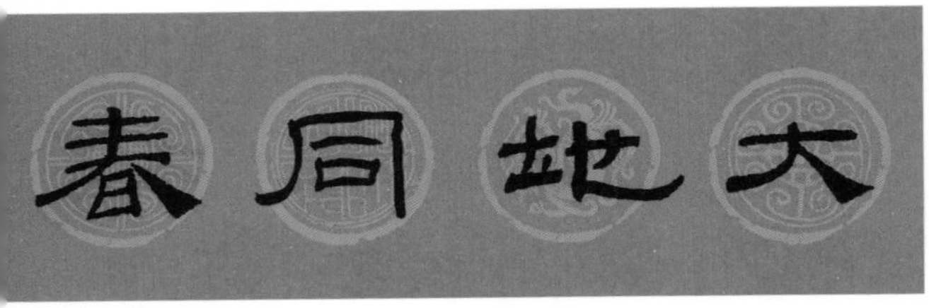

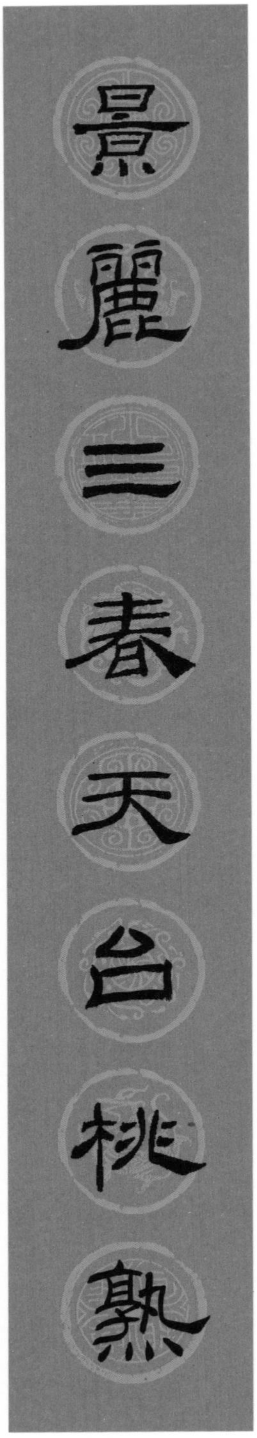

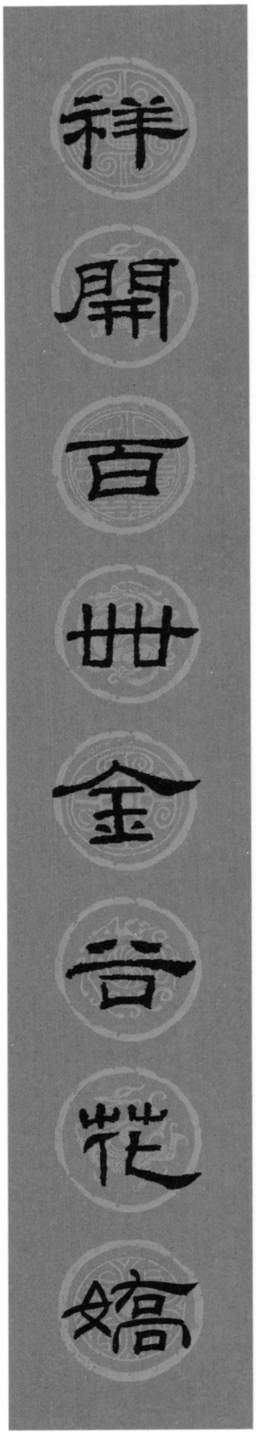

大地同春　景丽三春天台桃熟，祥开百世金谷花娇

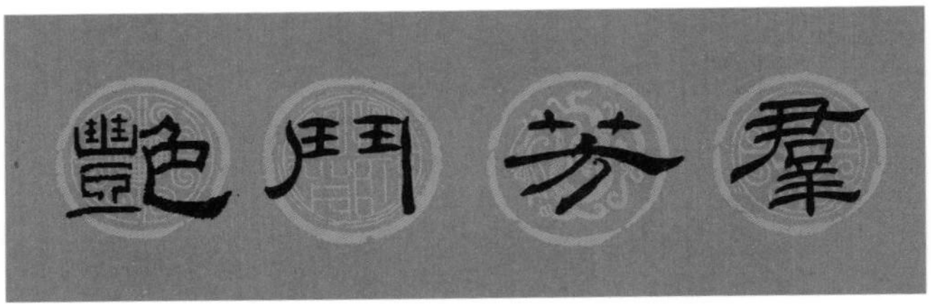

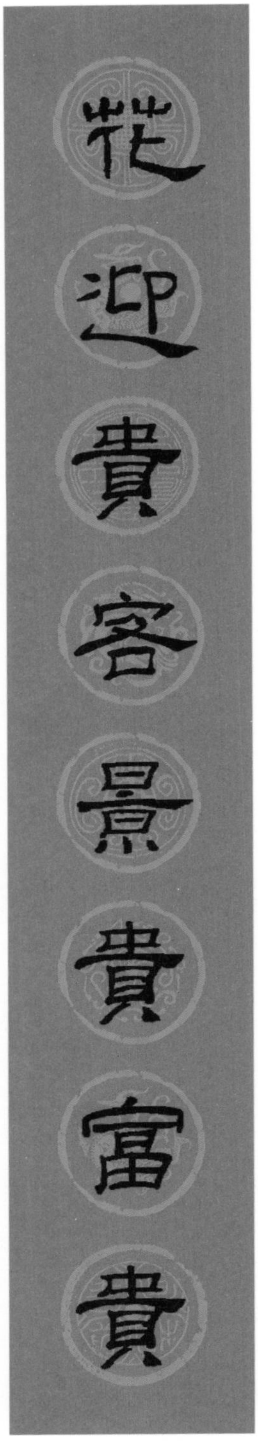

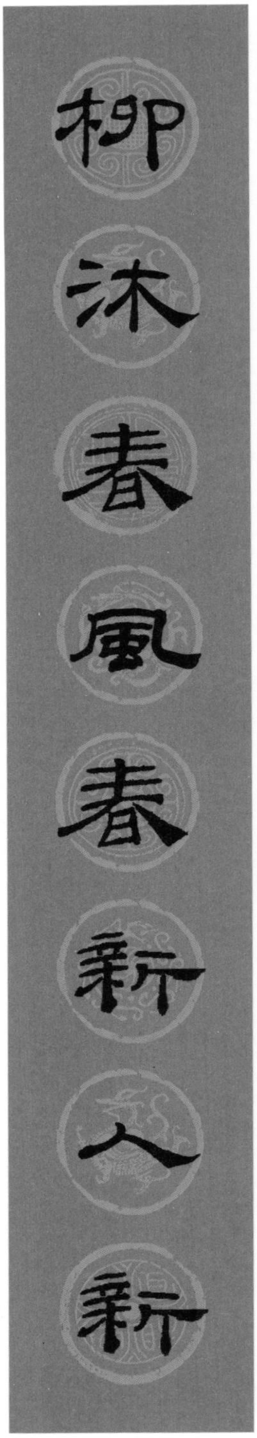

群芳斗艳　花迎贵客景贵富贵，柳沐春风春新人新

六、福寿安康篇

福星高照

光前增百福

裕后集千祥

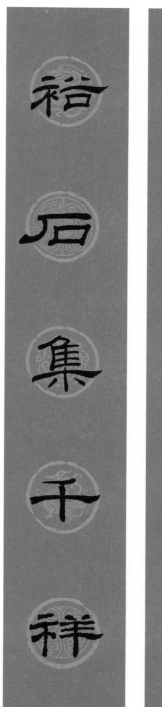

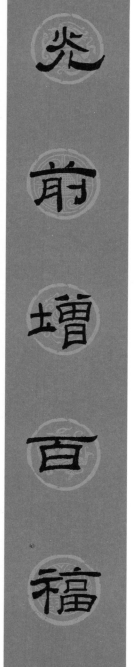

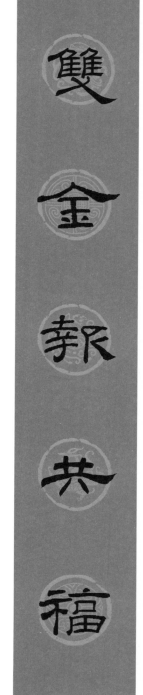

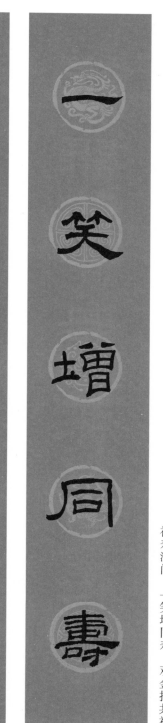

福星高照　光前增百福，裕后集千祥

福壽滿門

一笑增同壽

雙金報共福

福寿满门　一笑增同寿，双金报共福

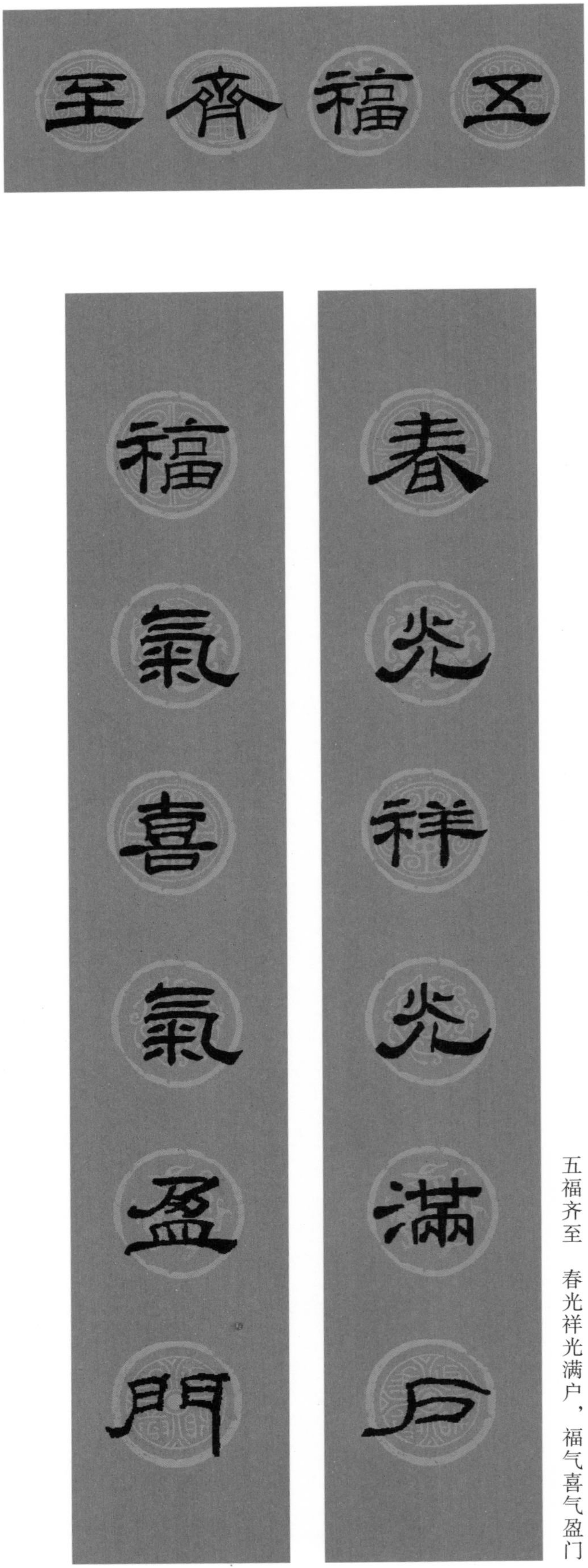

五福齐至　春光祥光满户，福气喜气盈门

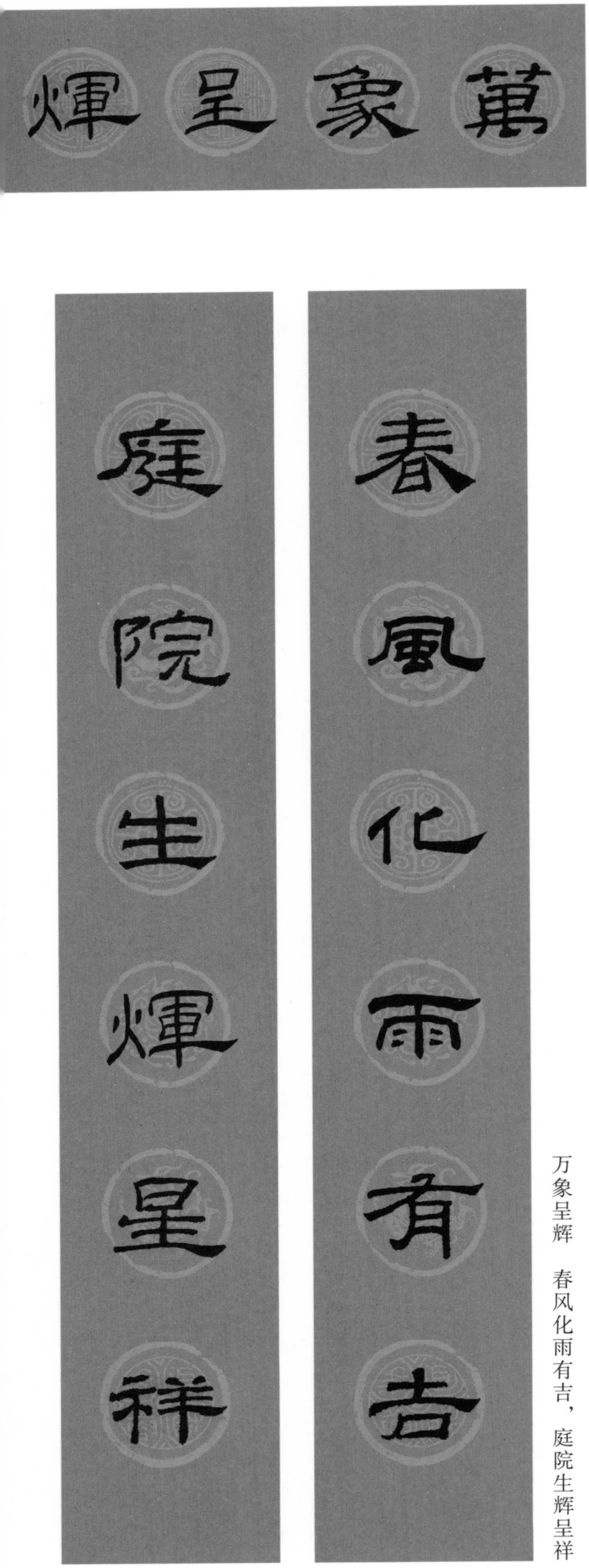

万象呈辉　春风化雨有吉，庭院生辉呈祥

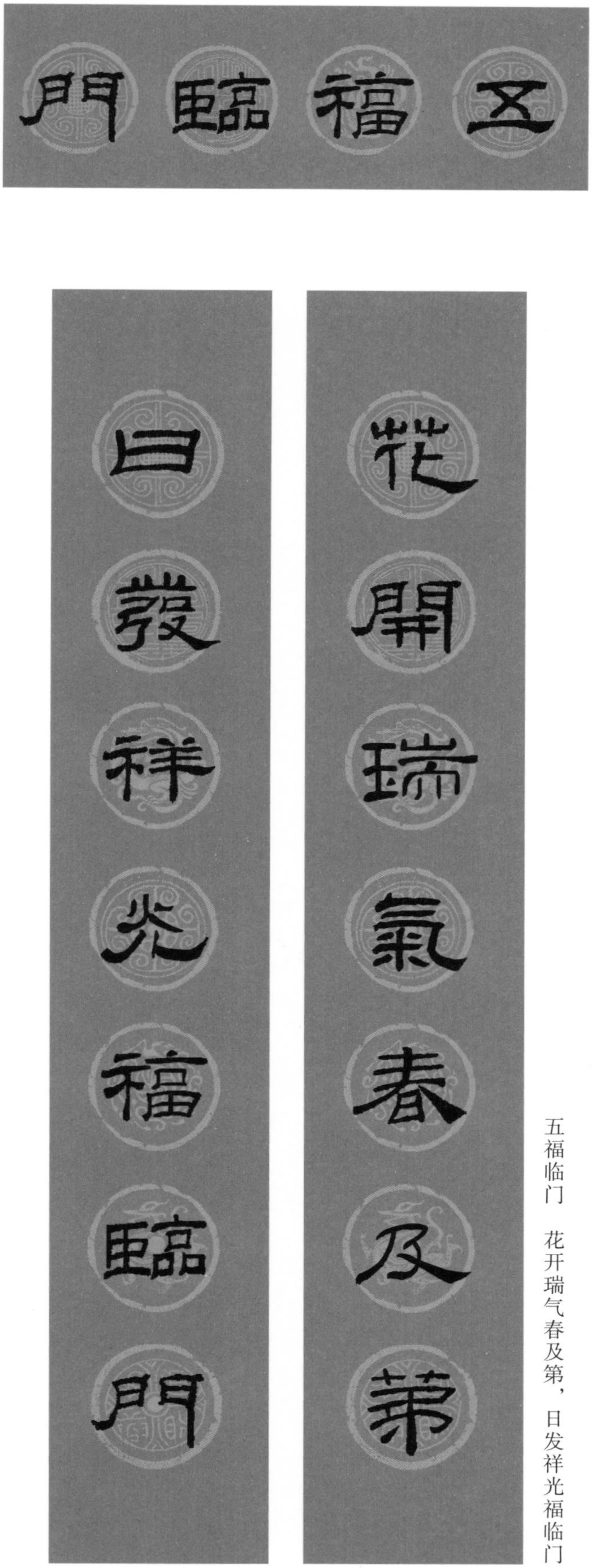

五福临门　花开瑞气春及第，日发祥光福临门

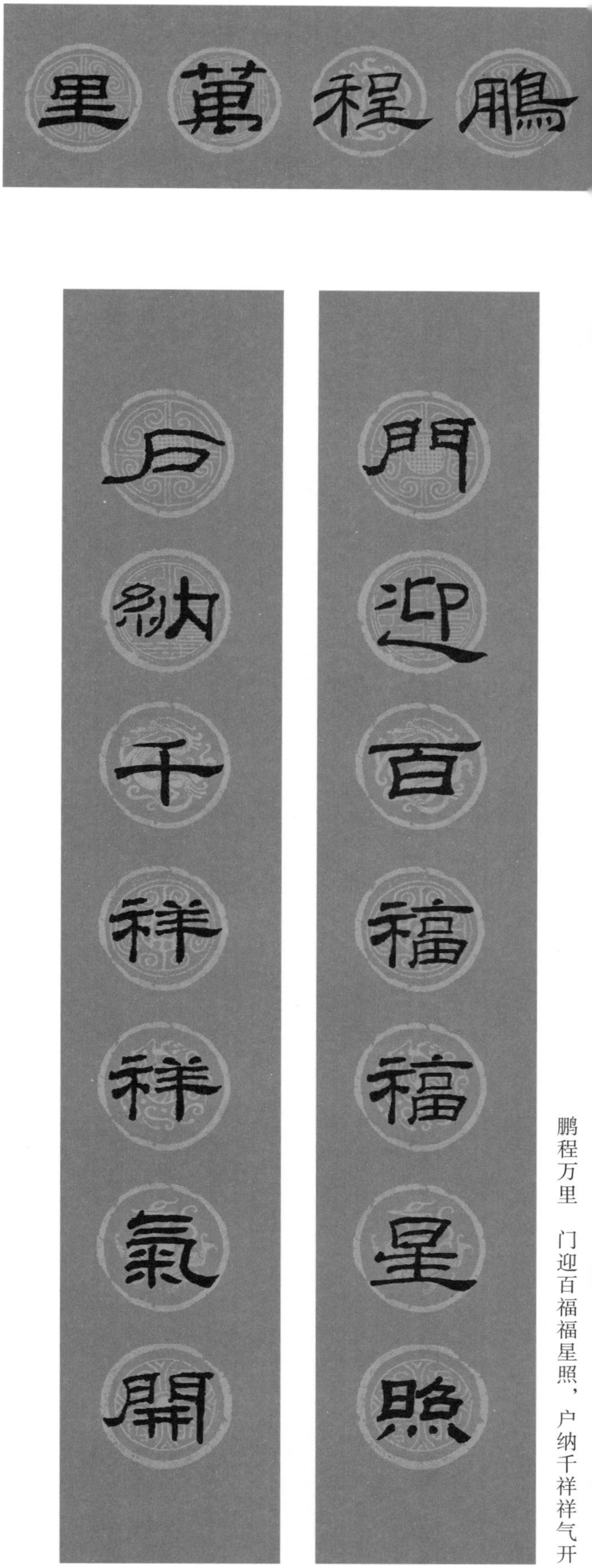

鹏程万里　门迎百福福星照，户纳千祥祥气开

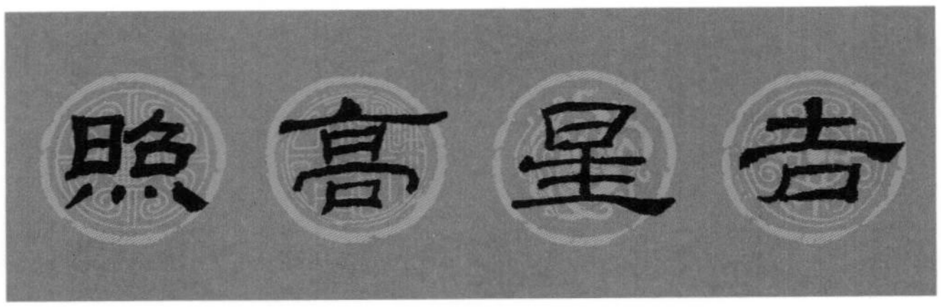

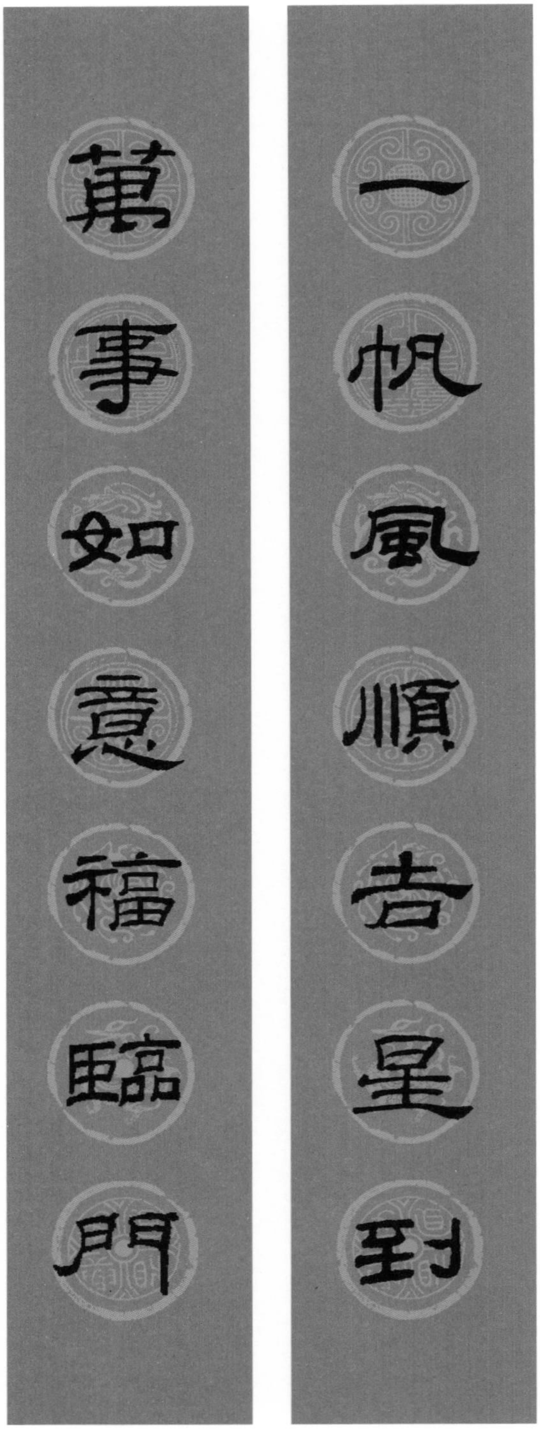

吉星高照　一帆风顺吉星到，万事如意福临门

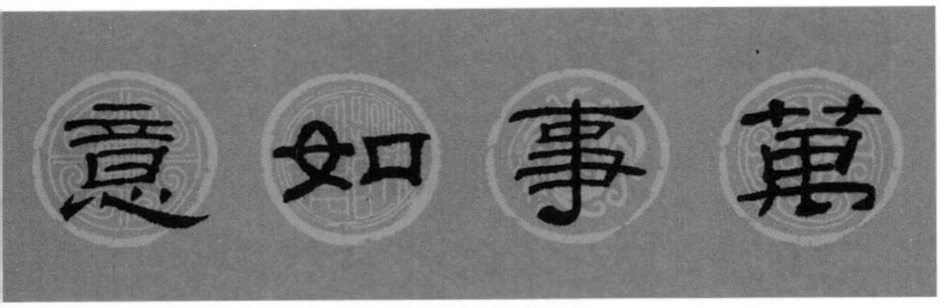

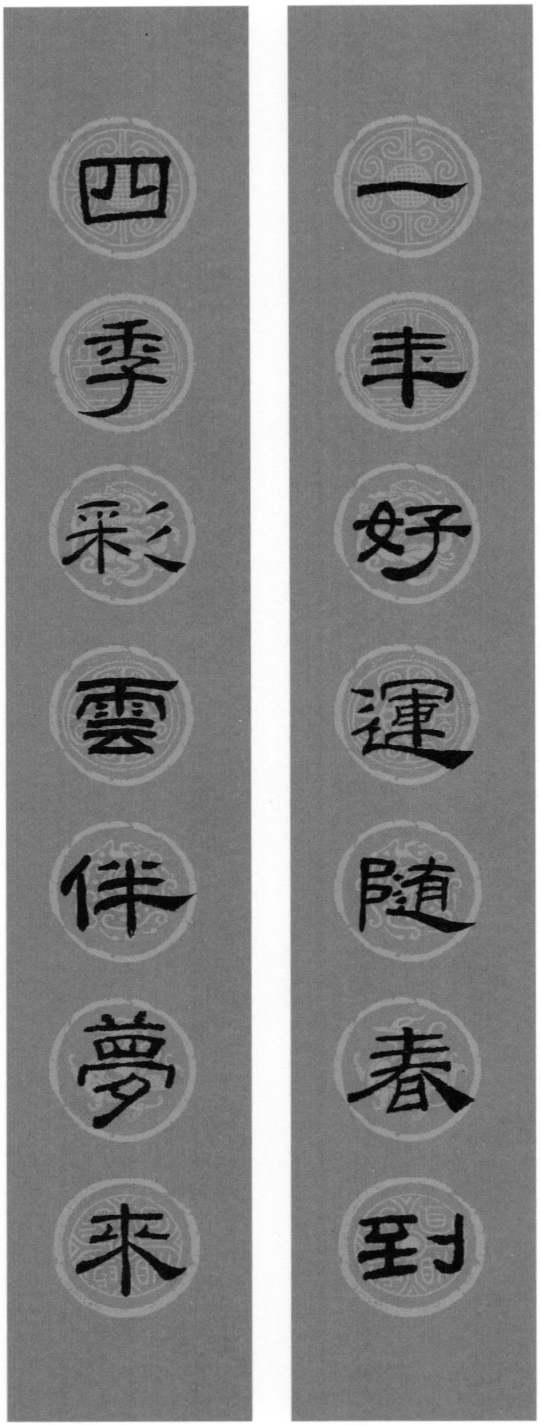

万事如意　一年好运随春到，四季彩云伴梦来

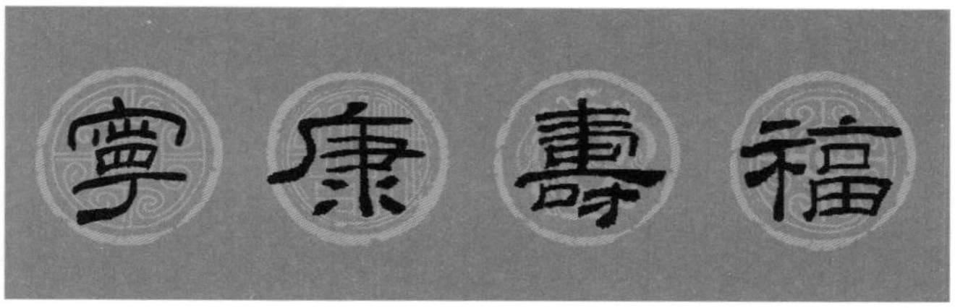

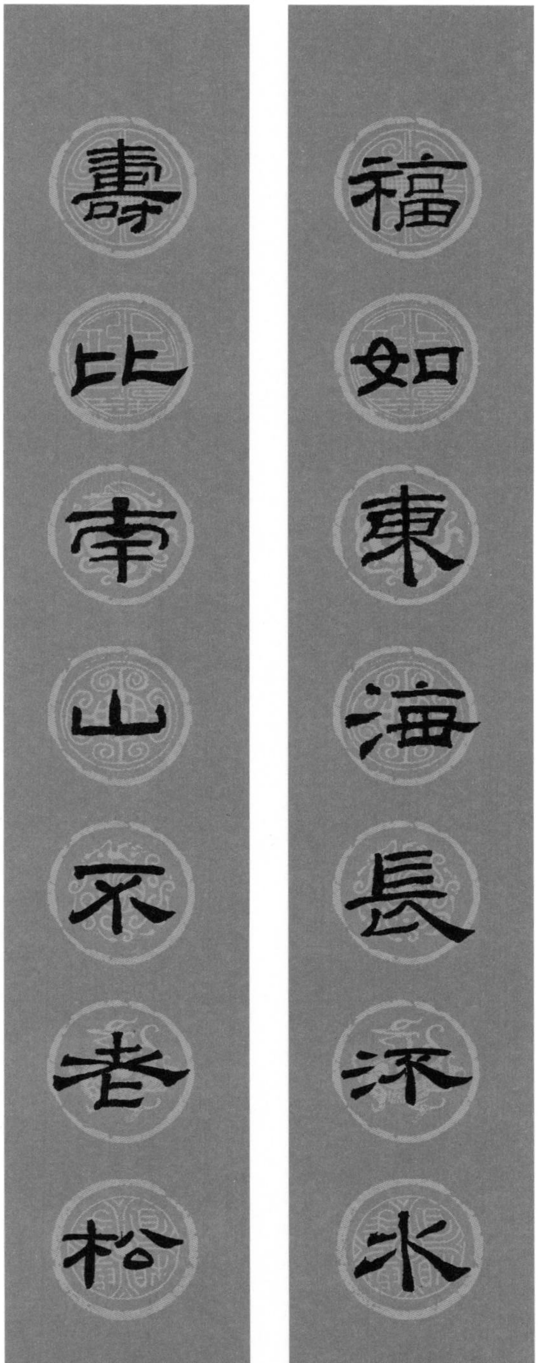

福寿康宁　福如东海长流水，寿比南山不老松

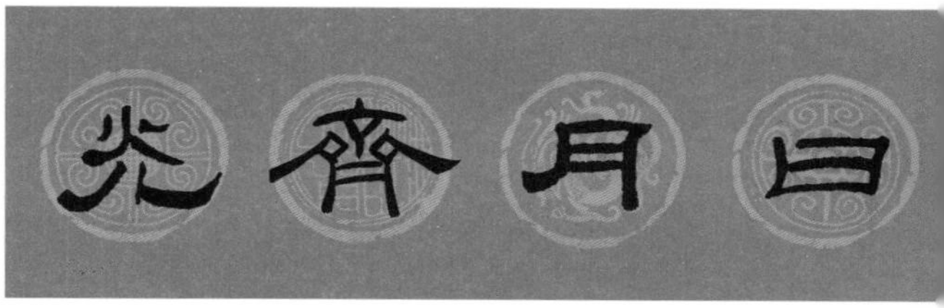

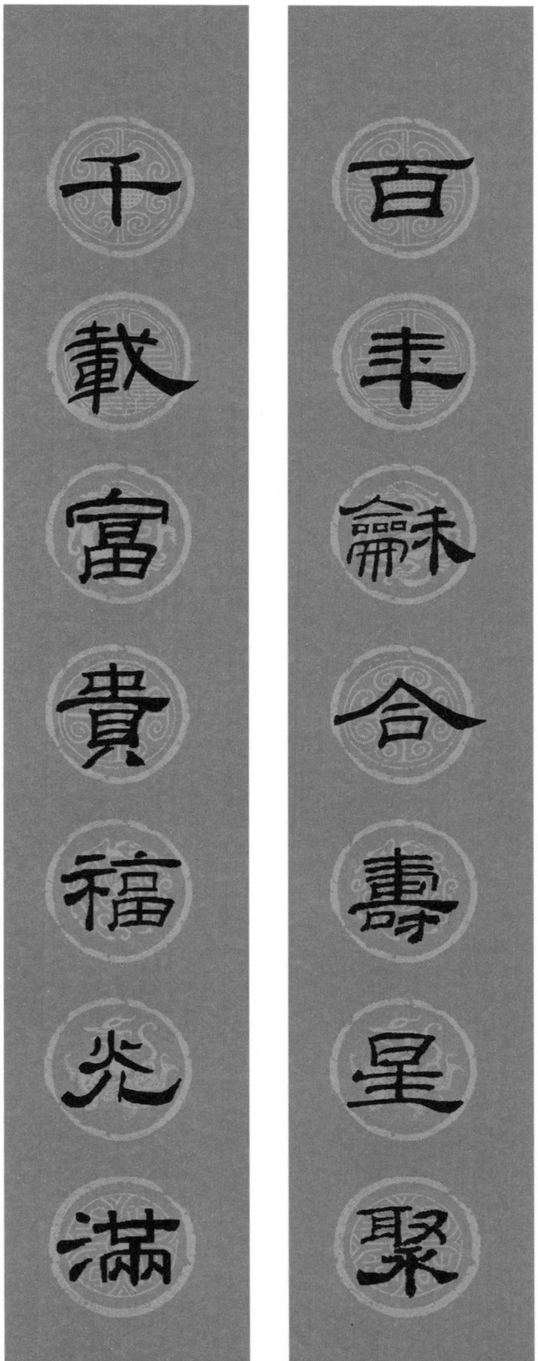

日月齐光　百年和合寿星聚，千载富贵福光满

福壽康寧

龢順一門有百福

平安二字值千金

福寿康宁　和顺一门有百福，平安二字值千金

吉星高照

天增歲月人增壽

春滿乾坤福滿門

吉星高照　天增岁月人增寿，春满乾坤福满门

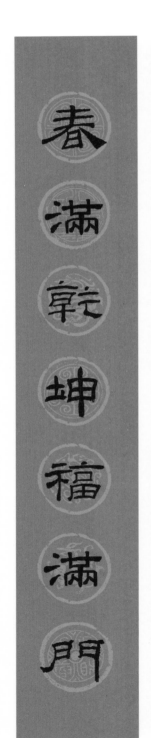

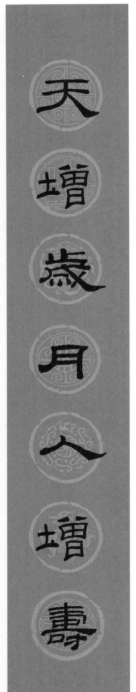

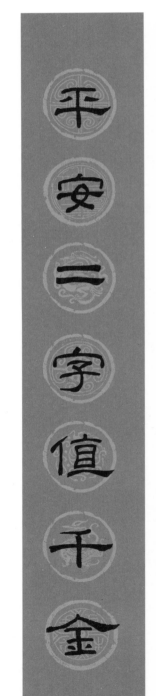

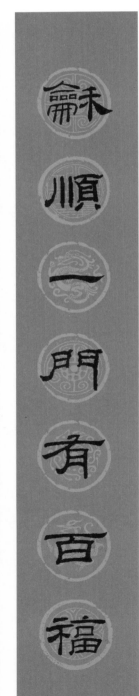

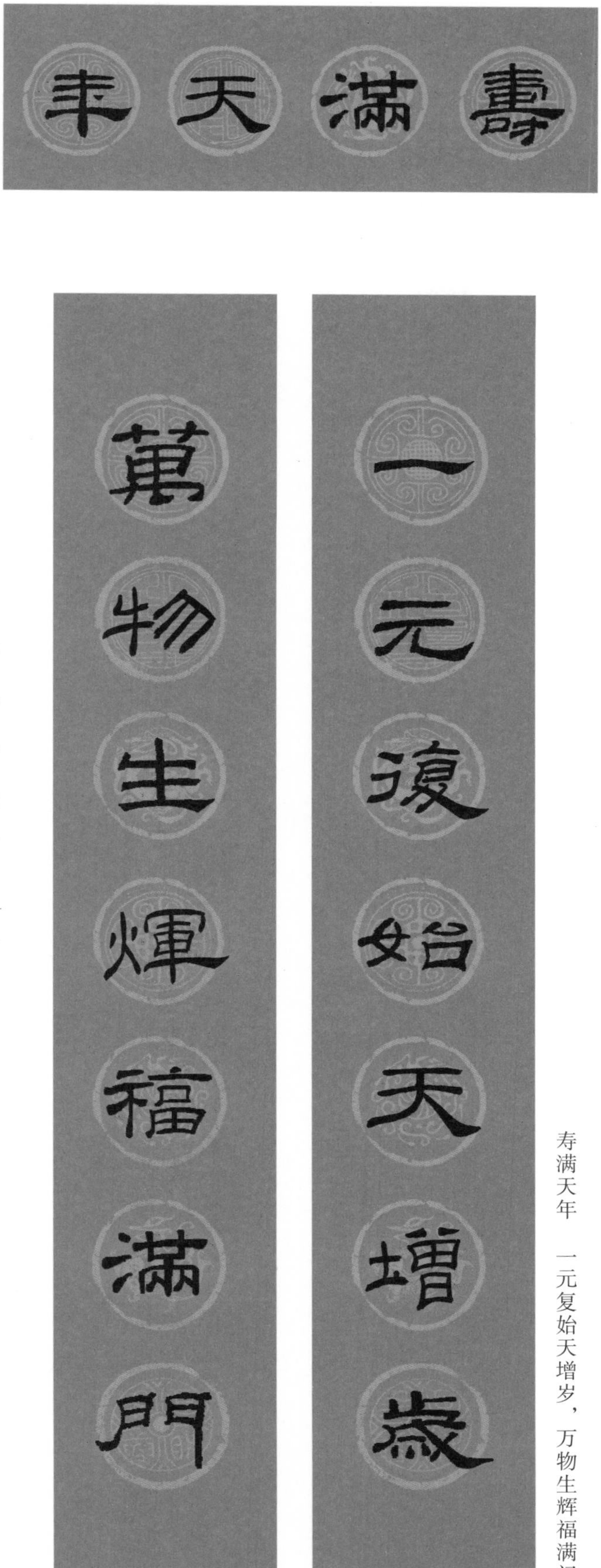

寿满天年　一元复始天增岁，万物生辉福满门

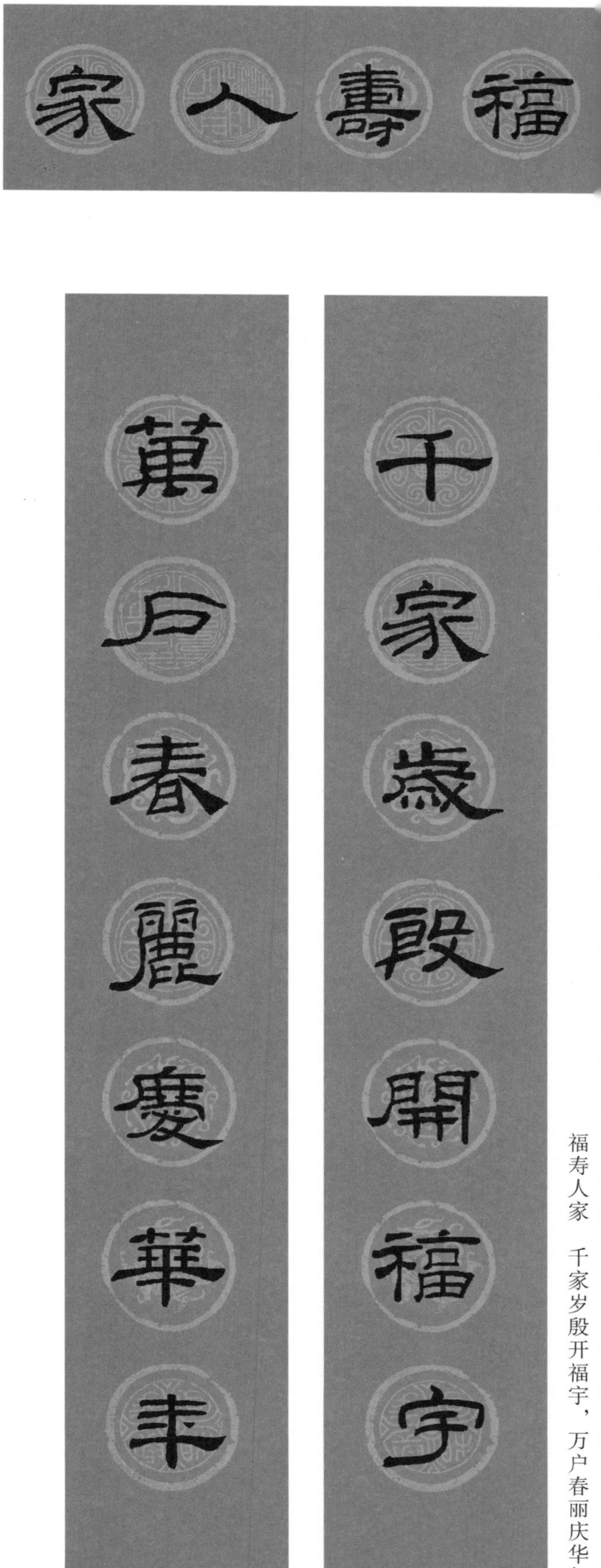

福寿人家　千家岁殷开福宇，万户春丽庆华年

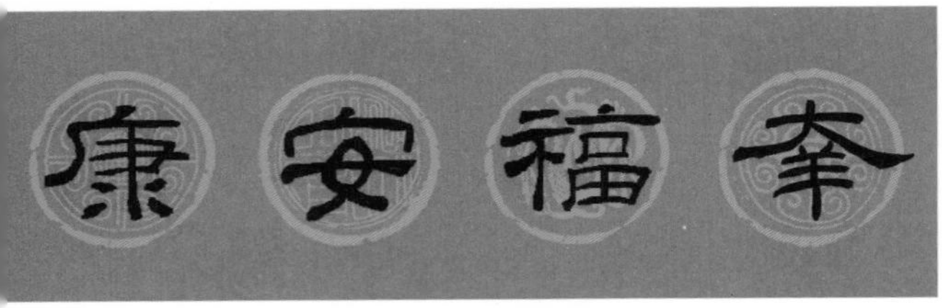

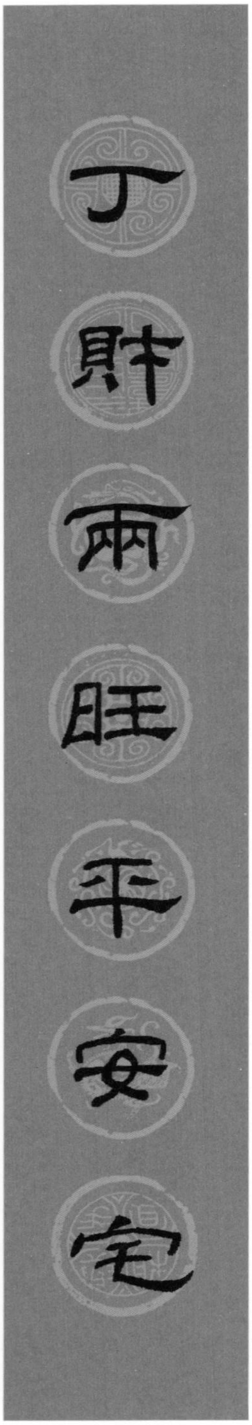

幸福安康　丁财两旺平安宅，好年好景富贵家

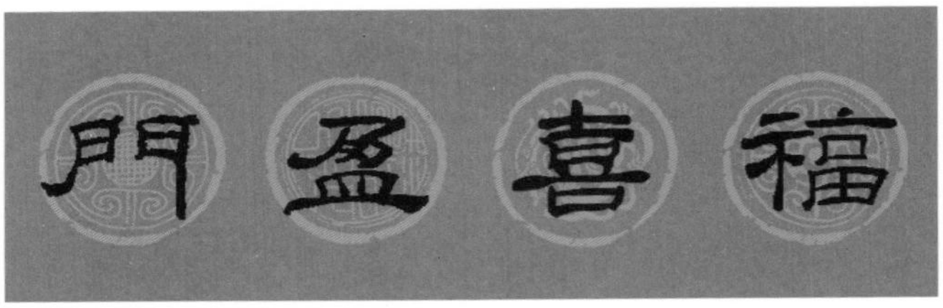

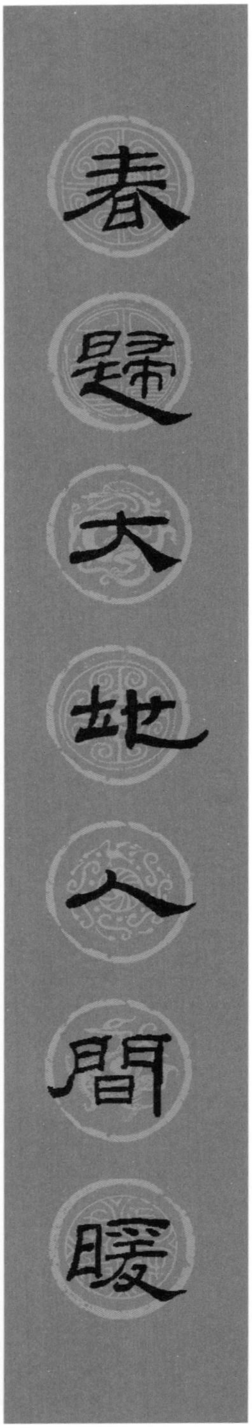

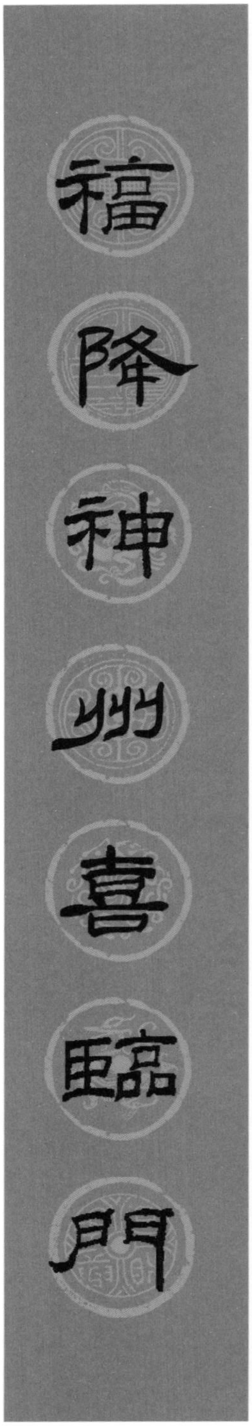

福喜盈门　春归大地人间暖，福降神州喜临门

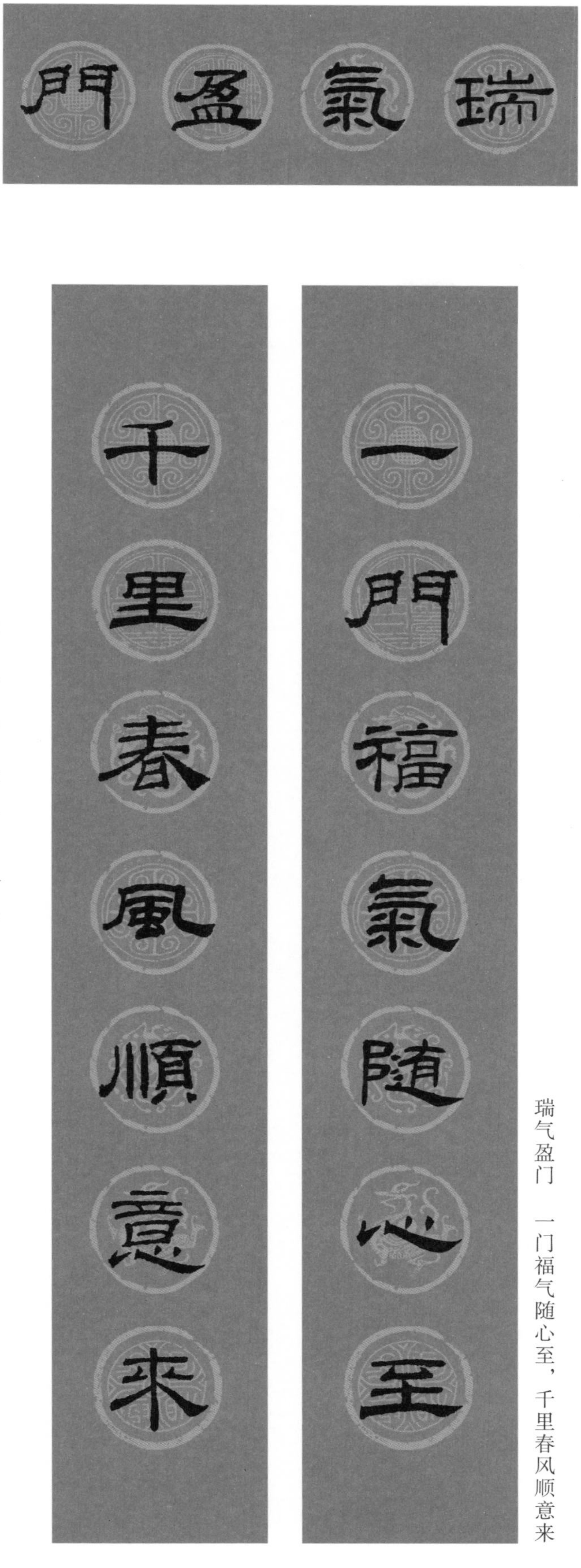

瑞气盈门　一门福气随心至，千里春风顺意来

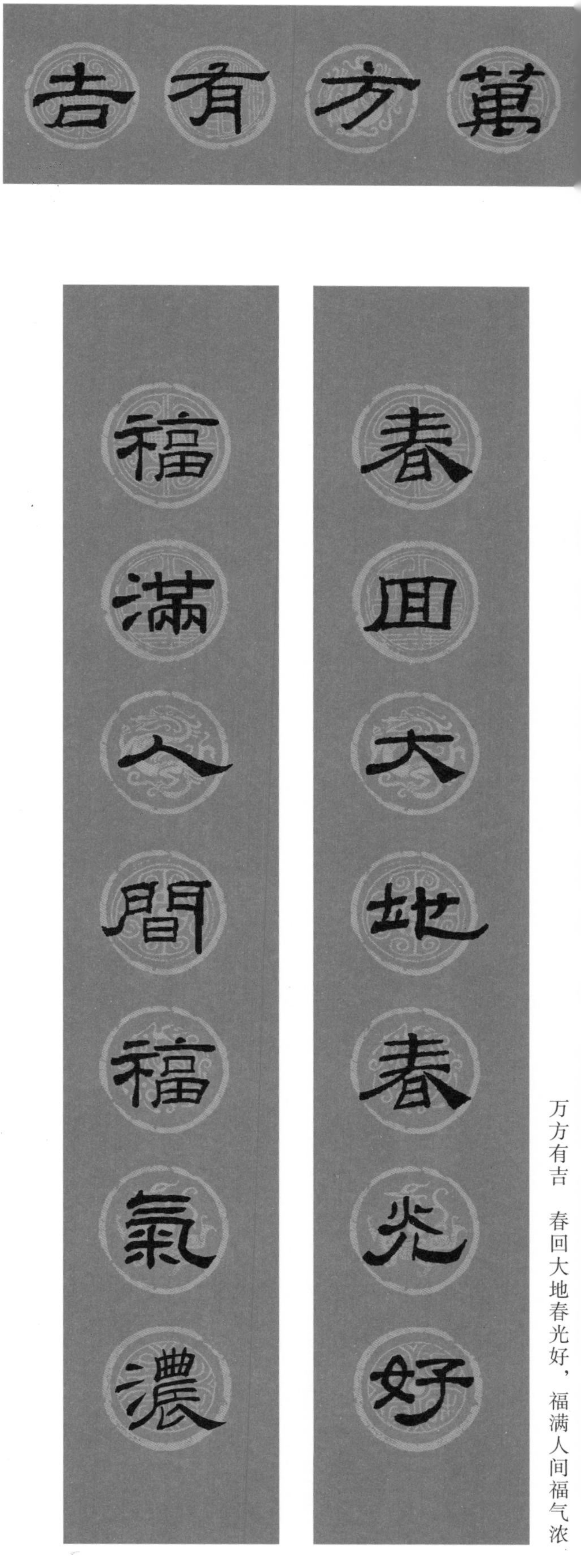

万方有吉　春回大地春光好，福满人间福气浓

時龢歲好

紅燈高照福慶長樂

爆竹連聲壽祝久安

时和岁好　红灯高照福庆长乐，爆竹连声寿祝久安

五福四海

春滿人間歡歌陣陣

福臨門第喜氣洋洋

五福四海　春满人间欢歌阵阵，福临门第喜气洋洋

附录　书法通用对联

祝寿对联

愿献南山寿　先开北斗樽
紫气通南极　青云动北莱
福临寿星门第　春驻年迈人家
汉柏秦松骨气　商彝夏鼎精神
乃文乃武乃寿　如竹如梅如松
笑指南山作颂　喜倾北海为樽
紫气辉连南极　丹心彩映北楼
白发朱颜登上寿　丰衣足食享高龄
百年和合寿星聚　千载富贵福光满
柏节松心宜晚翠　童颜鹤发胜当年
碧露新滋三春草　紫云长护九如松
碧桃岁结三千实　紫凤朝衔五色笺
春日融和欣祝寿　吉星光耀喜迎春
大鹏鸟飞九万里　蟠桃子熟三千年
丹室晓传香鸟宇　瑶池时进白云霞
东壁离文才吐凤　南山献颂昔流琼
东海白鹤千秋寿　南岭青松万载春
凤高渐展摩天翼　山翠遥添献寿杯
德如膏雨都润泽　寿比松柏是长春
海屋仙筹添鹤算　华堂春酒宴蟠桃
琥珀盏斟千岁酒　琉璃瓶插四时花
既效关卿不伏老　更同孟德有雄心
岭上梅花报春早　庭前椿树护芳龄
龙门泉石香山月　蓬岛烟霞阆苑春
南州冠冕此其选　上古千秋可与侔
三祝筵开歌寿考　九如诗颂乐嘉宾
身似西方无量佛　寿比南岳老人星
室有芝兰春自韵　人如松柏岁常新
寿考维祺征大德　文明有道享高年
四百岂惟知甲子　八千应复数春秋
天上星辰应作伴　人间松柏不知年
仙家日月壶公酒　名士风流太传诗
霄汉鹏程腾九万　锦堂鹤算颂三千
杏花雨润韶华丽　椿树云深淑景长
瑶台牒注长生字　蓬岛春开富贵花
芝兰气味松筠操　龙马精神海鹤姿
朱颜醉映丹枫色　华发疏同老鹤形

乔迁对联

人杰地灵有福　物华天宝呈祥
甲第新开美景　子孙大展宏图
小院更新承德政　合家祝福话天伦
四合宅院花馨满　五德人家笑语喧
民重农桑能富国　光增新第喜齐家
燕过重门留好语　莺迁乔木报佳音
基实奠定千秋业　柱正撑起万年梁
里有仁风春意永　家余德泽福运长
移门欲就山当枕　迁居常将水作琴
旭日乍临家室乐　和风初度物华新
莺声到此鸣金谷　麟趾于今步玉堂
日照新居添锦绣　花栽园圃吐芬芳
日丽风和锦铺院　冬暖夏爽笑满堂
向阳庭院风光好　勤劳人家幸福多
画栋连云光旧业　华堂映日耀新居
三阳日照平安宅　五福星临吉庆门
门迎春夏秋冬福　户纳东西南北祥
红日高照新居户　喜花常开幸福家
迁居新逢吉祥日　安宅正遇如意春
门对青山千古看　家居旺地四时新
乔第喜迁新气象　换门不改旧家风
居卜风和仁是里　堂开景聚德为邻
地久天长门有喜　年丰人寿福无边
有福有寿勤俭户　无虑无忧康乐家
庆乔迁合家皆禧　居新宅世代永安
地无寒舍春常在　居有芳邻德不孤
居之安四时吉庆　平为福八节康宁
仁里莺迁崇四美　新居燕喜庆三春
新屋落成逢新岁　春风送暖发春华
近水楼台先得月　向阳花木早逢春
春风杨柳鸣金屋　晴雪梅花照玉堂
春风丽日开画栋　绿柳红花掩门庭
春风堂上新来燕　香雨庭前初种花
门前绿水声声笑　屋后青山步步春
燕筑新巢春正暖　莺迁乔木日初长
宛转莺歌金谷晓　呢喃燕语玉堂春
里有仁风春日永　家余德泽福星明

嫁娶对联

云恋妆台晓　花迎宝扇开
芝兰茂千载　琴瑟乐百年
并蒂花开四季　比翼鸟伴百年
何必门当户对　但求道合志同
佳偶百年欣遇　知音千里相逢
槛外红梅竞放　檐前紫燕双飞
良日良辰良偶　佳男佳女佳缘
同德同心同志　知寒知暖知音
喜共花容月色　何分秋夜春宵
喜迎亲朋贵客　欣接伉俪佳人
爱貌爱才尤爱志　知人知面更知心
爱情花常开不谢　幸福泉源远流长
百年恩爱双心结　千里姻缘一线牵
百事开怀百事咏　两心相重两心知
百子帐开留半臂　千丝缕细结同心
杯交玉液飞鹦鹉　乐奏瑶池舞凤凰
比飞却似关雎鸟　并蒂常开连理枝
笔墨今宵光更艳　梨花带雨晚尤香
并蒂花开致富路　连心果结文明家
并肩同步长征路　齐心共谱幸福歌
彩笔喜题红叶句　华堂欣诵爱情诗
彩烛双辉欢合卺　清歌一曲咏宜家
长天欢翔比翼鸟　大地喜结连理枝
春风春雨春常在　喜日喜人喜事多
春光映院花容艳　喜气满堂人意和
春花绣出鸳鸯谱　明月香斟琥珀杯
春临大地迎新岁　喜到人间贺佳期
春露滋培连理树　春风吹放合欢花
蝶趁好花欣结伴　人舞盛世喜成亲
红桃宜插新人鬓　翠柳巧成同心结
红杏枝头春意满　彩门楼下玉箫清
花好月圆欣喜日　桃红柳绿幸福时
花开宝镜祥云霭　乐奏琼箫彩凤来
佳儿佳女成佳偶　春日春人舞春风
伉俪并鸿光竞美　生活与岁序更新
乐新春丰年宴客　庆喜日盛世联姻
秦晋联姻春意闹　凤凰比翼彩虹飞

图书在版编目（CIP）数据

乙瑛碑集字春联 / 罗锡清编著. — 杭州 : 浙江人民美术出版社, 2022.4
（经典碑帖实用集字春联）
ISBN 978-7-5340-9404-0

Ⅰ.①乙… Ⅱ.①罗… Ⅲ.①隶书—碑帖—中国—东汉时代 Ⅳ.①J292.22

中国版本图书馆CIP数据核字(2022)第041778号

责任编辑： 褚潮歌
责任校对： 钱偎依
责任印制： 陈柏荣

经典碑帖实用集字春联
乙瑛碑集字春联

罗锡清 / 编著

出版发行：浙江人民美术出版社
（杭州市体育场路347号）
经　　销：全国各地新华书店
制　　版：杭州真凯文化艺术有限公司
印　　刷：浙江兴发印务有限公司
版　　次：2022年4月第1版
印　　次：2022年4月第1次印刷
开　　本：889mm × 1194mm　1/16
印　　张：4.25
字　　数：40千字
书　　号：ISBN 978-7-5340-9404-0
定　　价：25.00元